Well Mpoyi

Le secret d'une prière exaucée

Well Mpoyi

Le secret d'une prière exaucée

Découvre l'importance et les enjeux de la prière pour des exaucements sans fin

Éditions Croix du Salut

Cover image: www.ingimage.com

Publisher:
Éditions Croix du Salut
is a trademark of
International Book Market Service Ltd., member of OmniScriptum Publishing Group
17 Meldrum Street, Beau Bassin 71504, Mauritius

Printed at: see last page
ISBN: 978-613-7-36647-9

PROLOGUE

Le vieillard qui avait l'habitude de passer du bon temps sur son balcon en train de contempler la nature, avait marre de voir ses voisins avoir des disputes houleuses presque tous les jours. Le jeune couple, plein aux as, avait à peine un enfant mais à qu'il ne parvenait pas à offrir la vie qu'il fallait. Accros à la drogue, le mari qui avait la trentaine, battait sa femme régulièrement, en présence de leur seul et unique fils.

Pour sauver la vie de ce môme, le vieillard entreprit dans son cœur d'empêcher que ces circonstances déplorables soient gravées dans sa mémoire pendant qu'il grandirait. Comme les deux parents s'occupaient chacun de sa vie, le petit Phil qui n'avait que six ans, s'ennuyait mortellement. Le vieillard sollicita donc la garde de l'enfant pendant que ses parents seraient absents.

Soulagé par ce coup de pouce, le couple exauça la requête du vieillard sans aucune objection. Chacun d'eux profitait ainsi de faire tout ce que bon lui semblait, jusqu'à commettre l'adultère dans leur propre foyer. Les choses s'empiraient au jour le jour.

Un jour dans la cours du vieillard, le petit Phil qui jouait avec Max, le chien que lui avait offert le vieillard, tomba dans l'admiration d'un enfant de son âge qui jouait au foot avec son père, alors que sa maman les encourageait. C'était la famille voisine.

Le vieillard remarqua l'attitude de Phil pendant qu'il était assis sur son rocking-chair sous un arbre, juste-là, quelque part dans le jardin. Sa lecture s'interrompit parce qu'il eut compassion. Phil, abattu, décida de replier auprès du vieillard. Il prit place sur la chaise qui était juste à côté.

— Sur cette terre des hommes, tout le monde a besoin de réussir, introduit le vieillard. Tout le monde veut réaliser sa légende personnelle. On veut tous s'épanouir en faisant ce qui nous plait le plus mais cependant, peu sont ceux qui connaissent vraiment comment s'y prendre. À force de connaitre l'échec, nombreux sont d'avis que la richesse, le succès, le bonheur, la santé, la beauté, et bien d'autres bonnes choses de la vie, ne sont faites que pour une catégorie de personnes, et qu'eux, appartiennent à une autre catégorie : celle des humains voués ou mieux, condamnés à l'échec. C'est là leur plus grande erreur.

Il est vrai que nous ne serons jamais tous sur le même pied d'égalité socialement, physiquement ; nous ne vivrons jamais tous dans un même endroit, mais la bonne nouvelle est que, ***nous pouvons tous être heureux dans la vie***. C'est ce que tout homme devrait savoir avant tout. C'est ainsi la vie, atterrit-il.

— Puisqu'il s'agit de la vie, que signifie-t-elle exactement, demanda Phil, attentionné.

Le vieillard sourit et fut heureux de la réaction du petit. Pour lui, c'était un signe qu'il avait vraiment envie d'apprendre.

— Je vais te définir la vie pas comme je l'entends, mais comme elle est en réalité, lui dit-il tout béat.

— Vas-y, je t'écoute.

Le vieillard prit un moment de réflexion avant de poursuivre.

— Je peux te demander avant tout, un sacrifice ? posa-t-il.

— Tout ce que tu voudras, rétorqua le petit.

Sa réaction était normale. Il avait lui aussi envie de réussir sa vie afin de vivre heureux.

— Promets-moi juste que tu ne garderas pas le secret pour toi-même, l'implora le vieillard.

Le petit capta tout de suite le message de son interlocuteur. Il comprit son souci.

— Promis, répondit-il avec sourire aux lèvres. Je promets de l'enseigner au monde entier afin que cela soit bénéfique à tout le monde et que ces choses cessent une bonne fois pour toute.

Le vieillard ne cacha pas sa joie qui s'extériorisa par un sourire large. Il caressa en même temps les cheveux du petit.

— La vie est une mission divine dans laquelle Dieu équipe ses soldats d'une Arme Unique et Efficace afin d'assurer leur victoire dont la vraie récompense est au paradis, cracha-t-il.

— Tu peux être un plus explicite, sourcilla Phil.

— Le vieillard compris alors qu'il avait tout un cours à donner. Ecoutez-le :

Pour commencer, je ne suis pas d'avis que chacun de nous devrait définir le bonheur comme il l'entend. Le bonheur a une et une seule bonne définition. ***C'est le fait d'accomplir sa mission sur terre***. Un individu est en état de bonheur que lorsqu'il se retrouve en train de faire ce pourquoi il est sur terre. Méconnaissant de cette vérité, plusieurs sont malheureux par le fait de chercher à vivre la vie de quelqu'un d'autre.

Plusieurs mesurent leur niveau de réussite en fonction des personnes qui les entourent. Ils veulent être exactement comme telle ou telle autre personne ; chose qui est quasiment impossible. De la même manière que nos empruntes digitales ou nos ADN sont différents et ne peuvent jamais correspondre, nous sommes aussi uniques à notre genre.

Certes que nous nous inspirons les uns les autres, mais nous ne devons jamais s'en servir pour se singer. Nous sommes chacun, des pièces originales. La vie de quelqu'un d'autre peut oui, nous inspirer mais c'est seulement pour nous aider à nous découvrir nous-même, car il y a en chacun de nous une destinée sans pareille.

Nous voici prêts à vous dévoiler *le secret* d'une prière exaucée. Cela sera scindé en chapitres ordonnés afin d'assurer une bonne compréhension. Alors, bonne continuation.

Pour être exaucé, il faut :

CHAPITRE I. LA SAGESSE ET L'INTELLIGENCE

Ces deux joyaux de la vie sont inhérents. Ils s'influencent mutuellement et ils sont les prérequis de l'exaucement.

Il existe deux manières de définir ces deux précieuses choses. Premièrement selon les hommes, et deuxièmement selon celui qui a créé l'homme. Que vous le vouliez ou non, l'homme est le fruit de la création divine. Il est l'œuvre de la main de Dieu. Il n'est pas comme le prétendent certains ignorants, le fruit du big-bang, ou que sais-je encore.

Mon souhait dans cet ouvrage, est d'abord de vous persuader que vous n'êtes pas une erreur, un hasard ou peut-être un accident provenant d'une confrontation des entités spirituelles, mais vous êtes l'image de Dieu. Pour ce faire, vous avez un choix, quant à la définition que vous voulez appliquer.

Avant que vous ne fassiez ce choix, laissez-moi primo, vous rappeler que la vérité est unique. L'adage qui stipule que « tout chemin mène à Rome », n'est pas d'utilité ici. D'ailleurs, je n'y crois pas. La vérité est que chaque chemin emprunté, a ses expériences uniques et par conséquent, une destination personnelle.

On peut se retrouver dans le même lieu mais tant que nous n'avons pas épousé le même chemin, nous sommes en réalité dans deux lieux différents car nos expériences ont façonné notre manière de penser. Il suffit juste d'avancer encore un peu, la vraie différence va faire surface.

Secundo, vous prévenir que si vous vous entêtez de suivre la sagesse et l'intelligence humaines seulement, vous ne serez jamais heureux car le bonheur relève de la divinité. Il ne peut pas être vécu avec les stratégies humaines ni même perçu. Nous allons le détailler dans les lignes qui vont suivre.

Commençons par le commencement. Tout ce qui a été créé dans cet univers, relève de la sagesse et de l'intelligence infinie. Et que pour vivre en harmonie avec, il faut vibrer dans la même fréquence. Pour faciliter le bonheur de l'homme, Dieu a depuis le départ mis en l'homme, la même énergie qu'il a rependue dans l'univers car dit-on, « qui se ressemble, s'assemble ». L'homme a ainsi vécu jusqu'à ce que le péché naquît, donnant ainsi naissance à la sagesse et l'intelligence humaine.

L'homme a défié l'ordre de Dieu pour suivre une autre voie, celle de son adversaire, « le diable ». Ce dernier a pu influencer l'homme en activant en lui, le désir de satisfaire sa chair. Depuis lors, la conséquence s'en est fait suivre. Il a été chassé du cadre idéal. Donc si vous suivez la sagesse et l'intelligence humaine qui sont limitées, vous vivrez les mêmes choses, car dit-on, « les mêmes causes produisent les mêmes effets. »

Définissons à présent la sagesse et l'intelligence humaine. Pour les hommes, la sagesse est l'ensemble de connaissances naturelles ou acquises des choses. Autrement, c'est la lumière de l'esprit. L'intelligence quant à elle, est la faculté de comprendre les choses. C'est aussi une connaissance approfondie nette et facile. Cependant, on peut posséder en grande quantité ces qualités, mais si on ne les associe pas à la sagesse et à l'intelligence divine, il est impossible d'être heureux.

Nous naissons tous avec un niveau de sagesse et d'intelligence, différent les uns les autres ; ce sont des données qui nous sont imposées indépendamment de notre volonté. Certains sont doués, d'autres sont moyens, et d'autres encore sont en deçà de la moyenne mais du moins, nous avons tous quelque chose au départ.

La sagesse et l'intelligence du départ sont comme des grains semés dont nous avons la responsabilité d'arroser afin de les faire croitre. Nous sommes tous d'accord que la sagesse croit par des expériences de notre propre vie ou celles des autres, alors que l'intelligence grandit par l'apprentissage : les études, la lecture, les formations, etc. Mais puisqu'elles sont humaines, elles ne se limitent qu'à comprendre les choses terrestre or nous sommes des entités divines. Nous sommes des êtres spirituels qui avons des expériences physiques. Voilà ! Il nous faut donc une autre dimension de vue pour percevoir les choses supérieures.

L'homme est tripartite : il a la chair, l'esprit et l'âme. Étant l'image de Dieu, il avait en lui l'esprit de ce Dieu mais depuis qu'il a péché, il est autonome c'est-à-dire qu'il vit seul sur la terre, en faisant ce qui lui plait. Il a donc une vue limité que dans son environnement or, il a été créé pour vivre au-delà de son environnement. Ceci dit que l'homme ne meurt jamais. La mort n'est rien d'autre que le passage d'une vie terrestre pour une vie supérieure, pour ne pas dire céleste car tous n'allons pas au ciel.

La sagesse et l'intelligence humaine ne prend pas en compte ce fait bien qu'il soit réel. Ce n'est pas qu'elles ne le savent pas mais seulement, elles sont incapables de les capter. L'au-delà est beaucoup plus élevé qu'elles. C'est pourquoi nous avons plusieurs scientifiques et docteurs mais qui sont athées. Ce n'est pas de leur faute. Leur intelligence et sagesse ne sont capables que d'expliquer les choses de la dimension humaine. Le jour où ils désireront la sagesse et l'intelligence divine, ils pourront enfin capter les choses d'en haut.

L'amour de Dieu pour l'homme lui a poussé à rendre disponible la sagesse et l'intelligence divine afin de permettre à l'homme de revivre le bon vieux temps. La sagesse et l'intelligence divine est une ***nature***. C'est la puissance créatrice qui a façonné l'univers ; c'est la force glorieuse qui tient dans sa main tout ce qui existe. ***« C'est par la sagesse que l'Éternel a fondé la terre, c'est par l'intelligence qu'il a affermi les cieux ». Proverbes 3 :19***

La sagesse et l'intelligence divine est un paquet contenant le bonheur de l'homme. ***« Heureux l'homme qui a trouvé la sagesse, et l'homme qui possède l'intelligence ! » Proverbes 3 :13.***

S'il faut définir cette sagesse et cette intelligence divine, on dirait que c'est ***la Parole de Dieu***. Aussi simple que ça ? Eh oui ! Ceci fait toute la différence car l'intelligence et la sagesse humaine est en un mot, la parole des hommes.

Après son péché dans le jardin d'Eden qui était le paradis pour lui, l'homme a été chassé de là pour un endroit inculte qui est la terre. Dans cet endroit somptueux, la jouissance de la vie n'était que dans la consommation de l'arbre de vie ; voilà pourquoi le chemin qui y menait était tout de suite mis sous garde des anges. Cet arbre de vie n'était nul autre que ***Jésus-Christ***.

En étant très amoureux de sa créature, Dieu n'est pas resté les bras croisés mais il a transformé l'arbre de vie en un paradis ambulant afin d'aller chercher l'homme chassé. ***Luc 17 : 21 « … Car voici, le royaume de Dieu est au milieu de vous ».***

Pour aider l'homme perdu à rentrer dans le paradis, Dieu a dit : ***« celui-ci est mon Fils bien aimé en qui j'ai mis toute mon affection : écoutez-le ». Matthieu 17 : 5.*** Il n y a que l'écoute et la mise en pratique de la parole de Dieu révélée par son Fils Jésus qui sert de pont à l'homme afin de rentrer dans le paradis.

Comment donc posséder la sagesse et l'intelligence divine ? C'est simple : commence par croire en Jésus comme ton seul sauveur et seigneur. En quoi faisant dis-tu ? Eh bien, en murmurant ces paroles avec moi :

Jésus-Christ, dans le souci de posséder la sagesse et l'intelligence divine afin de vivre heureux, je veux que tu viennes vivre dans mon cœur comme mon sauveur et mon seigneur personnel dès aujourd'hui, et jusqu'à ce je meurs ou jusqu'à ce que tu reviennes. J'ai ainsi prié en ton nom, Amen !

Cette petite prière si puissante est en fait, le tremplin qui nous renvoie à la deuxième chose qui fait qu'une prière soit exaucée.

CHAPITRE II. LA BIBLE

Il faut avoir sa propre bible comme livre des livres. Pourquoi ? C'est simplement parce que la totalité de paroles de Jésus sont contenues dans le seul livre que Dieu a jugé digne de transformer l'homme pécheur en homme saint ; de transformer l'homme terrestre en homme céleste. Et ce livre, c'est la **BIBLE.**

Voici comment de manière claire, cette dernière définit la sagesse et l'intelligence : ***« Et il dit à l'homme : Voici, la crainte de l'Éternel, c'est la sagesse ; s'éloigner du mal, c'est l'intelligence » Job 28 :28.***

Vous êtes donc censés commencer d'abord par croire en la Bible, comme étant la parole de Dieu, car c'est le seul livre qui contient en lui toute les paroles nécessaires accompagnées d'une puissance surnaturelle pour renouveler la sagesse et l'intelligence humaine. Chers philosophes et autres, si par exemple vous ne croyez pas en le Bible comme étant la parole de Dieu, inspirez-vous au moins de la vie de Jésus. Il est en lui seul, tout ce qu'il faut pour vivre heureux.

Pourquoi donc ai-je appelé la sagesse et l'intelligence divine, une nature ? Eh bien, c'est parce qu'elles sont contenues dans la personne de ***Jésus-Christ.*** Donc, le seul et unique secret d'une prière exaucée, c'est cet Homme : Jésus de Nazareth. Il est en lui-même, le contenu de la parole de Dieu. Il a dit un jour à Dieu : ***«…je savais que tu m'exauces toujours… » Jean 11 : 42***.

Jésus-Christ n'est pas comme la plupart des gens le définissent. Dans sa qualité de sauveur de l'humanité, Il est une vie que tout humain doit désirer avoir et vivre. Le jour où il sera perçu ou compris tel quel, les débats inutiles et distractifs entre toutes les différentes doctrines cesseront. Car que vous le vouliez ou non, que vous le sachiez ou non, Jésus est indispensable dans la vie de tout humain.

Il est un caractère, une habitude, un comportement, une nature, une identité, une manière de faire et de vivre. Voilà ce qu'est la personne de Jésus. Il est le seul ayant vécu une vie totalement agréable à Dieu ; pour ce faire, Il est *le secret* de la réussite d'une prière. Ainsi donc, tout celui qui vit comme lui a vécu, est d'office exaucé car l'exaucement ne dépend pas de nos paroles mais de notre nature. L'exaucement ne dépend pas de ce que nous disons mais de ce que nous faisons à partir de ce que nous sommes.

En réalité, notre vraie prière est ce que nous faisons à chaque instant car dit-on : « on récolte que ce que l'on sème ». C'est cela, « prier sans cesse ». Si donc nous n'avons pas la nature de Jésus, nous poserons à chaque fois des actions qui nous donneront le contraire de ce que nous désirons en réalité. Notre nature détermine non seulement notre récolte sur terre mais aussi dans l'au-delà.

« L'homme n'a que ce qu'il mérite, ni plus ni moins ». James Allen.

Nous avons en chacun de nous, deux natures qui s'opposent depuis la nuit de temps. Une qui relève de la nature divine, une autre de la nature charnelle. Chacune de ces deux natures nous pousse à poser des actions qui déterminent en avance notre récolte de demain. Déjà sur terre, nous récoltons tous d'une manière ou d'une autre ce que nous avons semé. Aucun des hommes n'est irresponsable de ses récoltes.

Il est vrai qu'à un moment de notre vie, nous subissons des choses mais cela n'empêche pas à chacun de nous de passer par l'âge de la raison, où il doit faire un choix entre continuer à subir ou décider à influencer ses récoltes. Chacun de ces deux choix sera donc la clé de sa réussite ou de son échec dans la suite de temps.

« Plus tu seras éveillé à temps, tôt tu vivras les fruits de tes propres semences » Well Mpoyi

Puisque l'homme ne meurt jamais, sa vie dans l'au-delà dépend aussi inévitablement de ce qu'il sème sur la terre. Que vous le vouliez ou non, ***l'enfer*** et ***le paradis*** existent. Votre qualité de vie sur terre déterminera lequel de ce deux lieux sera votre demeure éternelle. Que ça soit dans un trou de feu ou non, ceux qui ne se repentent pas de leurs mauvais actes, seront châtiés d'une manière ou d'une autre.

Si sur terre nous sommes habitués à vivre à la fois de bons et mauvais moments, dans l'au-delà il n'en sera pas ainsi. Il est sans contredit que la monté en puissance de la méchanceté sur la terre pousse plusieurs personnes à chercher à se réfugier que dans des endroits où les gens sont bons. Quelque part où on peut sortir et rentrer dans des heures tardives sans qu'il n'ait quelqu'un qui puisse nous tracasser ; où on peut dormir portes et fenêtres grandement ouvertes, sans avoir peur d'un cabrioleur ou d'un assassin, etc. Bref, nous avons tous besoins d'une totale liberté de vie, chose qui est impossible sur terre.

Pour tous ceux qui désirent vivre de tels moments dans de tels endroits, la bonne nouvelle est que dans le Paradis, ça sera possible. Dieu s'est chargé de laisser entrer que de bonnes personnes. Je ne parle pas de ceux qui sont à moitié bon et à moitié mauvais parce que leur mauvaise partie les poussera à poser de mauvais actes.

Si donc les bonnes personnes ne vivront qu'entre eux dans le paradis, les mauvaises aussi vivront entre eux en enfer ; là où ils pourront se faire sans fin, du mal les uns les autres comme bon leur semblera. C'est juste une image de leur châtiment.

C'est pour quoi Jésus est venu, afin de nous aider à porter cette totale nature de bonté qui nous poussera à poser d'abord de bonnes actions sur terre, puis dans le paradis.

Tu veux vivre une vie heureuse sur terre et dans l'au-delà, c'est simple. Le Jésus que tu viens de recevoir t'aidera dans ça. Si donc t'as hésité au début, voici une autre occasion de le faire. Répète après moi, ces paroles : ***Jésus-Christ, dans le souci de vivre heureux sur la terre et dans l'au-delà, je veux que tu viennes vivre dans mon cœur comme mon sauveur et mon seigneur personnel, dès aujourd'hui, et jusqu'à ce je meurs ou jusqu'à ce que tu reviennes. J'ai ainsi prié en ton nom, Amen !***

Vous venez de sauver votre vie de l'enfer.

Accepter Jésus comme sauveur et seigneur signifie s'enregistrer dans le processus de transformation pour lui ressembler car souvenez-vous, la vie chrétienne est une nature, un comportement, une forme de pensée, une habitude, un caractère, un mode vie, etc. Donc, c'est la première et la plus facile des étapes. Je ne vous promets pas que les choses seront du coup facile car abandonner vos mauvais penchants déjà enracinés, demandera beaucoup de travail. Vous devez donc serez les dents.

La vie chrétienne ne va pas vous faire vivre dans l'espace mais sur terre. Tant que nous serons ici-bas, nous allons inévitablement faire face aux mauvaises personnes. Ça sera d'ailleurs le test d'évaluation de votre transformation. Préparez-vous à être détesté, méprisé, humilié parfois, découragé, dévisagé, combattu, trahit, etc. Vous savez pourquoi ? C'est parce que vous avez pris *la tangente*. Vous avez choisi de vivre différemment des autres. Vous allez désormais obéir à l'ensemble de règles différentes.

En passant par ces choses, ce n'est pas que Dieu ne vous aime pas ; au contraire, il vous aime tellement qu'il est obligé de vous émonder pour que votre bonheur futur soit rassuré. En plus, il ne va pas vous laisser mener ce combat seul. Il sera avec vous. Comment, dites-vous ? Par le biais du Saint-Esprit que vous avez reçu tout à l'heure. Eh oui, quand vous acceptés de vivre comme Jésus, vous recevez aussi l'Esprit qui le conduisait. C'est pourquoi les différents vents qui souffleront contre vous, ne seront pas pour vous noyer mais pour que vous le vainquiez comme lui aussi les a vaincus. Au fur et à mesure que vous allez affronter ces choses et les vaincre, vous allez passer à l'étape suivante. C'est une formation.

La vérité est que vous ferez face à ces choses toute votre vie, jusqu'à ce que vous quittiez cette terre. L'assurance est que, vous les déjouerez toujours sourire aux lèvres et joie dans le cœur. C'est ça votre bonheur.

Ne pensez pas que quand vous donnez votre vie à Jésus, vous serez privés de festoyer, d'entreprendre, de conduire de belles voitures, de construire des immeubles, de vous marier, d'avoir de grosses sommes d'argent dans des banques, d'être attrayant, de faire du sport, etc. Dans la vie chrétienne aussi, il y a ces choses, d'ailleurs avec des bonus que les autres n'ont pas et n'auront jamais, tant qu'ils ne se tourneront pas vers Jésus.

Par exemple, ils sont riches et célèbres mais ne sont jamais vraiment heureux. Nombreux se sentent seuls, dépendent de la drogue pour dormir, se livrent à la pédophilie, au viol, au meurtre, et bien d'autres mauvaises choses que la société toute entière déplore. Ils ne savent plus se positionner : tantôt ils sont hommes, tantôt ils deviennent femmes ; tantôt ils sont noirs tantôt blancs. Leurs relations amoureuses sont instables dans la plupart des cas, parce qu'ils ont du mal à trouver des partenaires qu'il faut.

Non seulement ceux qui sont connus mais aussi bien d'autres de la moyenne et de la basse classe vivent les mêmes choses. Vous savez pourquoi ? C'est parce qu'ils ont utilisé et utilisent la sagesse et l'intelligence humaine pour y parvenir, hypothéquant ainsi leur bonheur futur. Ils n'ont simplement pas vu le futur parce qu'en fait, ils ne peuvent pas le voir avec les yeux humains. Mais toi, grâce à ton choix, tu vois le futur avant de poser un acte dans le présent. C'est cela la différence.

Même si t'es un adolescent, lorsque Jésus vit en toi, t'es beaucoup plus sage et intelligent qu'un adulte qui pose des actes qui lui couterons cher plus tard. Nous l'avons vu avec tous ces dictateurs qui ont régné pendant un temps mais qui sont morts moins honorés que des animaux. Des ainés qui se sont livrés à la débauche, l'alcool et la cigarette dans leur jeunesse, et qui sont morts prématurés. Ils n'ont jamais eu le temps de vire une vie exemplaire. Des parents qui en leur temps de gloire ont eu des enfants par-ci par-là, et qui sont devenus plus tard, leur propre ruine. C'est tout simplement parce que leur vision était limitée dans le présent.

Ils pensaient faire bien mais en réalité, ils creusaient leur propre tombe dont la célèbre phrase : « si je savais ». Ils n'ont pas fait un bon choix. Mais toi, si.

Et puisque Jésus c'est la *Parole de Dieu* contenue dans la bible, vous allez inévitablement passer par la méditation de celle-ci et par la prière que nous allons décortiquer dans le point suivant comme troisième chose qui mène à l'exaucement. Laissez-moi vous prévenir que si la méditation de la bible ne vous donne pas envie de prier, il y'a un problème parce que ça marche ensemble.

Je vous prie d'être attentif afin de comprendre convenablement car y'a plusieurs qui ont reçu Jésus comme sauveur et seigneur mais qui ne vivent pas heureux. Ils n'obéissent pas aux règles du jeu. C'est pourquoi les chrétiens sont aujourd'hui sujets de mépris de la part des païens ; chose qui ne devrait jamais se produire. Les chrétiens sont aujourd'hui spécialistes de prêcher le Dieu qui a agi dans la bible seulement et non celui qui a agi ou qui agit dans leur vie aussi. Si tel était le cas, la vie chrétienne serait enviée de tous.

Pour vous révolter, j'aimerai vous informer que pour gagner les âmes à Christ, ou pour glorifier le non de Jésus, nous sommes censés faire plus que les autres religions et d'autres croyances. Si réellement nous sommes dans la vérité, ça doit se faire remarquer. Ce n'est pas à nous de les envier mais c'est à eux. S'ils sont riches, nous devons l'être aussi, s'ils sont beaux et belles, nous devons l'être aussi ; s'ils sont haut placés dans la société, nous devons l'être aussi ; mais seulement nous devons avoir en plus de ça, ce qu'eux n'ont pas. À l'occurrence, la vraie paix et la vraie joie, choses qui constituent le vrai bonheur présent et futur de la vie.

« La foi ne fonctionne pas seulement pour les chrétiens mais le salut, si. De même, les lois de la nature établies par Dieu existent pour tout être vivant. Ne sois donc pas troublé de voir les païens réussir leur vie sur terre. » Well Mpoyi

Même si nous disons que nous devons être comme eux, et plus qu'eux, cela ne signifie pas que nous devons nous habiller indécemment, avoir le même mauvais look, et bien d'autres mauvaises choses que surtout les stars de la musique chrétienne de nos jours copient, et parfois même, les ignorants que moi je qualifie des *« Chrétiens modernes »*. Ceux-ci sont des croyants fantaisistes qui disent que Dieu ne voit que le cœur et non l'extérieure. Mensonge ! Il tient aussi compte de l'extérieure car nous sommes sa demeure, par conséquent des instruments d'évangélisation.

Malgré qu'il ait des hypocrites, mais dans la plupart des cas, l'extérieure n'est que le reflet de l'intérieure. Celui qui est pure intérieurement le manifestera aussi à l'extérieure tôt ou tard. La vie chrétienne est riche en simplicité. *«... Soyez donc prudents comme les serpents, et **simples** comme les colombes **». Mattieu 10 :16***

Grâce au Saint-Esprit vous comprendrez comment parvenir à ces choses mais tout en glorifiant le nom de Jésus. Sachez que tout ce que nous devons faire en tant chrétien, c'est pour édifier et encourager dans la bonne voie, tous nos proches. C'est cela notre mission sur terre. Voici comment y parvenir.

CHAPITRE III. LA PRIÈRE

Il faut être un homme ou une femme de prière. Mais c'est quoi la prière ?

Avec l'aide du Saint-Esprit, nous avons pu comprendre que la prière c'est :

1. Un moyen de communication entre deux personnes

La prière est un acte par lequel une personne exprime envers une autre personne, spirituelle ou physique, un besoin quelconque en espérant une suite favorable. C'est en fait l'expression du désir sincère du cœur. Ce désir peut être soit bon, soit mauvais et peut être exprimé de différentes manières.

Certaines personnes peuvent désirer du fond de leur cœur, qu'il puisse arriver à une tierce personne un malheur quelconque à cause de différends qu'ils ont eu dans le passé ou à cause d'une simple jalousie alors que d'autres désirent voir leurs proches s'épanouir dans ce qu'ils entreprennent. Certes que toutes les deux catégories de personnes sont en état de prière, mais c'est pour des fins différentes. L'une c'est pour le malheur et l'autre c'est pour le bonheur.

En effet, lorsqu'un individu est en train de souhaiter du fond de son cœur le malheur ou le bonheur à son prochain, il est en réalité en train d'exprimer sa demande à l'une des forces qui gouverne l'univers soit en bien soit en mal. Notons que le mal est venu de la fausse croyance de l'homme en l'existence en deux pouvoirs alors qu'il n'existe qu'un seul pouvoir suprême : *l'arbre de vie éternel.*

En voulant empêcher l'homme à se concentrer sur le seul vrai Dieu, le diable a fait sa propre publicité au-devant de celui-ci. Il est vrai que l'homme est puissant mais il l'est à cause de la personne qui l'a créé; mais à cause de son attention sur Satan, l'homme a hérité du gène du mal que son créateur n'a pas. C'est pourquoi il y a en lui désormais, le mal et le bien.

Ainsi, lorsqu'un homme souhaite un malheur à autrui, il est donc en train d'exprimer son désir à Satan tandis que lorsqu'il souhaite le bonheur, c'est à Dieu qu'il est en train de s'adresser. Connaissant que l'homme a en lui naturellement le gène du bien, Satan s'est arrangé à le mettre dans la confusion afin qu'il ignore le vrai Dieu pour qu'il se livre à des infamies ; c'est ainsi qu'il a fait croire à certains qu'il existe plusieurs dieux et que chaque nation en a un, représenté d'une quelconque manière. Il est allé même plus loin en faisant croire à d'autres que Dieu n'existe pas.

Ceci nous mène à dire que tout désir du bien à l'égard d'autrui est une manifestation de la part de l'homme, du cœur du vrai Dieu car nous émanons de lui. Il n'y a aucun bien en Satan car il ne sait pas ce que c'est aimer.

Nous pouvons tous manifester le cœur du vrai Dieu mais nous ne le connaissons pas tous ; raison pour laquelle Dieu nous a envoyé son Fils unique afin que nous puissions prendre connaissance du seul vrai Dieu. ***Jean 17 : 3 « Or, la vie éternelle, c'est qu'ils te connaissent, toi, le seul vrai Dieu, et celui que tu as envoyé, Jésus Christ ».***

Jésus est le seul envoyé du vrai Dieu qui détient la vérité car il est l'arbre de vie éternel, à l'opposé de l'arbre de la connaissance du bien et du mal. Il s'était manifesté afin de supprimer dans le mental de l'homme, l'existence du mal et du mensonge hérité de Satan ; c'est pourquoi il est écrit : ***« Nous savons aussi que le Fils de DIEU est venu, et qu'il nous a donné l'intelligence pour connaitre le Véritable ; et nous sommes dans le Véritable, en Son Fils Jésus-Christ ». 1 Jean 5 :20.***

Nous sommes donc certains de nous adresser au vrai Dieu que lorsque nous considérons Jésus-Christ comme étant le seul vrai canal qui nous mène vers le Vrai Dieu. Il a dit : ***« Je suis le chemin, la vérité et la vie : Nul ne vient au père (le vrai Dieu) que par moi ». Jean 14 : 6***

Connaissant cette vérité, le diable combat la propagation de l'évangile de Jésus afin de maintenir l'homme sous son pouvoir du mensonge jusqu'à ce qu'il le conduise à des maux sans fin (l'enfer). Et même quand cet évangile est propagé, il multiplie des stratégies afin qu'il soit mal compris. C'est pour quoi dans d'autres doctrines, on fait croire à plusieurs que Jésus n'est pas le seul canal qui mène vers Dieu et qu'on pourrait aussi passer par des saints soient disant ou d'autres entités, oubliant que la bible dit dans ***1 Timothée 2:5 : « car il y a un seul Dieu, et aussi un seul médiateur entre Dieu et les hommes, Jésus-Christ homme ».***

Jusqu'à ces jours, la confusion s'est rependue partout dans le monde au point où les aïeux décédés, les devins, les horoscopes, les saints, et autres divinités sont toujours consultées sous prétextes de nous mettre en contact avec Dieu.

« L'ignorance du vrai Dieu pousse l'homme à adorer de faux dieux » Fr. Dan Mukwakani.

Toutes prières faites à l'intention de Dieu mais ne passant pas par Jésus-Christ est une prière comparable à l'offrande de Caïn que Dieu ne peut agréer. C'est donc une prière hors trajectoire.

Dieu est l'entendement ; Il est immatériel par conséquent, on ne peut le voir ni le représenter au risque d'être puni de malédiction car le représenter c'est le prendre en otage. ***Deutéronome 27 : 15 « Maudit soit l'homme qui fait une image taillée ou une image en fonte, abomination de l'Éternel, œuvre des mains d'un artisan, et qui la place dans un lieu secret ! Et tout le peuple répondra et dira : Amen !»***

En effet, le texte ci-haut est en train de maudire automatiquement tous les fabricants et les vendeurs des images taillées tenues pour des divinités. Outre ces hommes, les pratiquants aussi, c'est-à-dire ceux qui s'en procurent pour s'en servir en tant que divinité, sont maudit.

Au-delà des images taillées, il y a sous le soleil, des humains audacieux et ignorants qui se tiennent à la place de Dieu recevant même son honneur et sa gloire sans remord ne sachant pas qu'ils s'attirent un sort encore plus grave comme le dit ***Actes 12 : 21-23 « À un jour fixé, Hérode, revêtu de ses habits royaux, et assis sur son trône, les harangua publiquement. 22. Le peuple s'écria : Voix d'un dieu, et non d'un homme ! 23. Au même instant, un ange du Seigneur le frappa, parce qu'il n'avait pas donné gloire à Dieu. Et il expira, rongé par le vers »***.

Représenter Dieu par une statue, par une photo, par une personne humaine ou quoi que ce soit d'autres est une abomination devant Dieu car c'est de l'idolâtrie. ***Exode 20 : 4-5 « tu ne te feras point d'image taillée, ni de représentation quelconque des choses qui sont en haut dans les cieux, qui sont en bas sur la terre, et qui sont dans les eaux plus bas que la terre. 5. Tu ne te prosterneras point devant elles, et tu ne le serviras point ; car moi, je suis un Dieu jaloux qui punis l'iniquité des pères sur les enfants jusqu'à la quatrième génération de ceux qui me haïssent, … »***

Certains disent : mais Dieu permit aux enfants d'Israël de lever le regard vers le serpent d'airain que Moise souleva dans le désert au travers d'une perche. **Nombres 21 : 8-9.** Est-ce là une contradiction ? Loin de là ! En fait, cette action dans le désert était une préfiguration de l'œuvre de la croix parce que les serpents qui ont mordu le peuple d'Israël étaient en réalité les démons à qui Dieu avait donné la permission de toucher à son peuple comme il l'a fait avec Job. **Job 1:12.**

À cause du péché, Dieu avait livré son peuple au Serpent ancien (Satan) car il avait prévu une solution qui est le Serpent d'airain c'est-à-dire Jésus-Christ. Si donc par les serpents brulants il y a eu virus ou la mort, par le Serpent d'airain est venu l'antivirus c'est-à-dire la vie éternelle. Ainsi, tout celui qui a les yeux constamment rivés vers Jésus-Christ a la vie sauve car il prend connaissance de la vérité.

Vous allez consentir avec moi que ce fait ne s'est plus produit jusqu'à la crucifixion de Jésus à Golgotha afin de nous faire savoir que Dieu ne se contredit pas. Alors, toutes raisons poussées pour défendre la prosternation devant un objet quelconque ne sont que des propos fallacieux.

Vous pouvez certes vous poser des questions suivantes :

Si c'est vraiment un péché devant Dieu, comment ces pratiquants sont-ils exaucés ? Et pourquoi la punition de Dieu ne se manifeste-elle pas ?

À cette question nous pouvons répondre ceci : sachons que la prière est une préparation à un état d'esprit afin de recevoir par le canal de la foi, tout ce que nous désirons. ***«… la foi vient de ce qu'on entend, et ce qu'on entend vient de la parole de Dieu » Romain 10 :17***. La première partie de ce texte nous montre l'origine de la foi ; elle dit que tout ce que nous entendons de bien ou de mal forme en nous une *foi* alors que la deuxième partie nous exhorte à n'entendre que ce qui provient de la parole de Dieu c'est-à-dire de la bible car elle contient le nécessaire pour l'épanouissement de l'homme selon la volonté parfaite de Dieu.

Cependant, la parole de Dieu mal comprise nous expose à des hérésies et nous fait prendre la tangente du chemin de la vérité. Ne peut comprendre la parole de Dieu que celui qui a le Saint-Esprit or pour avoir ce dernier, il faut naitre de nouveau c'est-à-dire accepter Jésus comme le seul seigneur et sauveur personnel. Si tu ne l'as pas fait précédemment à cause d'une raison ou d'une autre, et que tu le désires maintenant, fais avec moi cette prière :

Seigneur Jésus, j'ai besoin de recevoir le Saint-Esprit afin de mieux comprendre ta parole. Pardonne mes fautes car j'accepte de me détourner du péché afin de te suivre. Je te reçois dans mon cœur comme mon sauveur et mon seigneur personnel dès aujourd'hui jusqu'à ce que tu reviennes. J'ai ainsi prié en ton nom, Amen !

En écoutant ce que les autres nous disent par rapport aux écritures et aussi aux témoignages de leur vécu, notre subconscient capte et nous pousse à les reproduire afin de vivre les mêmes résultats quand bien même ce sont des mensonges. Voilà l'origine des superstitions. Sachons que la nature a d'oreilles pour entendre mais aussi des yeux pour voir ceux qui sont disposés à recevoir ce qu'elle peut donner. Ainsi, vous pouvez faire d'une chaussure ou d'un quelconque objet votre dieu, et vous recevrez tout ce dont vous a besoin si seulement vous développez un état d'optimisme qui vous pousse à l'action et à la patience jusqu'à son accomplissement.

En effet, Dieu est le créateur de l'univers tout entier ; Il est aussi l'instituteur des lois qui gouvernent la nature dans son ensemble. La nature contient des cadeaux accessibles à tout être vivant sur la terre à condition de se soumettre aux lois préétablies. Ces lois sont des canaux qui nous mettent en contact direct avec la main de Dieu c'est-à-dire ses bénédictions ici sur terre. Raison pour laquelle tout le monde, peu importe sa religion, peut réussir financièrement, matériellement, etc.

Cependant, l'on peut être attaché à la main de Dieu mais tout en étant détaché de son cœur. Vivre les bénédictions de Dieu n'est donc pas synonyme d'être enfant de Dieu. La relation de l'homme et Dieu est une relation d'amour or, dans une vraie relation amoureuse, on ne s'attache pas aux matériaux mais au cœur. Alors, vous pouvez vivre les résultats de vos prières mais tout en compromettant vos chances d'entrer dans le royaume de Dieu après votre pèlerinage sur terre.

Connaissant cela, le diable ne vous combat pas mais il fait de vous son ami et en profite pour monter en vous des forteresses qui vous empêcheront d'accéder à la vérité car il sait déjà que vous êtes sur le chemin de la perdition. C'est pour quoi vous allez constater que tous ceux qui sont dans de fausses doctrines sont toujours aux aguets et s'énervent rapidement lorsque vous touchez à leurs points faibles. C'est simplement un moyen de vous dire d'arrêter. Et même s'ils sont convaincus, ils ne cèdent pas facilement car le diable prend le temps de les enraciner dans ces hérésies.

Il en profite aussi pour posséder subtilement plusieurs personnes car elles sont sans abris ; c'est pourquoi dans la vie de leurs fidèles, y'a un mélange du bien et du mal. Ils s'habillent tantôt décemment tantôt de manière impudente ; tantôt ils souhaitent le bien à leurs proches, tantôt le mal ; ils sont riches mais aussi égoïstes et mesquin ; Bref, ils ont une double vie diamétralement opposée.

Cette vaine manière de vivre était jadis retrouvée que dans le monde mais le diable a infiltré ces hommes même dans l'église du seigneur Jésus là où la vérité est le fondement. Cela a commencé par affecter les catholiques, raison pour laquelle il y a eu naissance du protestantisme avec Martin Luther. Mais après un constant amère de la part de certains protestants, y'a eu naissance de l'église dite de « Réveil » car disaient-ils, les protestants avaient ramené certaines habitudes des catholiques et qui endormaient le peuple.

Ceci nous enseigne que le diable est entré dans toutes les doctrines, remettant ainsi la foi de tout chrétien en cause, au point où nous retrouvons de faux disciples de Jésus-Christ dans toutes les églises. Pour ce faire, la punition de Dieu à l'égard de l'homme idolâtre, c'est l'abandon c'est-à-dire qu'Il le livre à Satan.

Ce dernier se sert de lui comme instrument pour amplifier les autres dans le mensonge. Il peut lui ôter la vie quand il veut et il peut détruire ce qui lui appartient quand il le désire. C'est pourquoi dans les sectes, les fidèles ont un délai de vie selon un contrat. De tels hommes survivent de fois que par la grâce de la consécration en Jésus des personnes qui les entourent. S'il y en a bien évidemment.

Le plus grand combat que le diable livre à l'homme depuis toujours, c'est de l'empêcher à accéder à la vérité ; c'est pourquoi il ne fait que l'amplifier dans toutes sortes de mal en les maquillant, afin de ne pas lui permettre de voir clair. Il le laisse faire certaines bonnes choses pour soulager sa conscience car souvenez-vous que l'homme a en lui le gène de Dieu qui le pousse à faire naturellement le bien mais cette partie de bien ne suffit pas pour hériter le royaume des cieux parce qu'il est écrit : ***« car quiconque observe toute la loi, mais pèche contre un seul commandement, devient coupable de tous ». Jacques 2 :10.***

Le diable évite à une telle personne des problèmes majeurs tant qu'elle est aveuglée pour qu'elle ne développe pas en lui, le désir de connaitre la vérité. C'est pourquoi certaines familles païennes vivent normalement malgré qu'elles ne prient pas le vrai Dieu, ne vont même pas à l'église, ne craignent même pas Dieu mais les choses semblent aller pour elles. Elles se querellent quand il le faut, elles insultent quand il le faut, bref, elles font tout ce qu'elles veulent et peuvent car pour elles, c'est ainsi la vie.

Vous allez constater aussi que plusieurs demeurent dans l'idolâtrie, le mensonge, l'impudicité, et autres tant qu'ils vivent un peu des résultats de leurs prières. Les combats qu'ils vivent, ce sont des combats normaux du genre l'adversité, la jalousie, la maladie, le manque, etc. Ils connaissent certaines paroles de la bible et se contentent de ça. Ils interprètent mal ce qui y est écrit parce qu'ils ne sont pas illuminés par le Saint-Esprit.

Ce comportement est en train de battre le record dans les églises du monde entier. Le diable s'est arrangé de glisser partout, de faux enseignants afin de garder les hommes dans la perdition et l'aveuglement. Plusieurs écoutent la parole de Dieu, mais très peu écoutent la vérité. Et même quand ils écoutent la vérité, peu sont ceux-là qui la prennent à cœur ; c'est pourquoi la parabole du semeur dans **Matthieu 13 :23** dit que sur le quatre quart de ceux qui écoutent la parole de Dieu, il y a qu'un seul qui est sur la bonne voie.

La plupart des chrétiens se retrouvent dans les trois quart. Cela n'est pas étonnant car Jésus dit : « … Car large est la porte, spacieux est le chemin qui mène à la perdition et il y en a beaucoup qui entrent par là. 14. Mais étroite est la porte,

resserré le chemin qui mènent à la vie, et y' en a peu qui les trouvent. » Matthieu 7 :13-14.

Le combat cruel de l'homme commence en réalité lorsque Dieu s'intéresse à lui. Lorsque Dieu tombe amoureux d'un peuple ou d'un homme particulièrement, Il met tout en œuvre afin de faire tomber le voile d'autres fois, pour le sauver afin de l'utiliser en suite pour sauver d'autres personnes. C'est en ce moment-là que le diable sort tous ses griffes afin de faire du mal à cette personne. Il est même prêt à lui ôter la vie car il sait qu'une fois la personne convertie, elle va échapper à l'enfer et elle va sauver d'autres personnes.

2. Un outil de changement ou de transformation

La prière comme outil de changement ou de transformation est comprise comme un moyen par lequel on peut transformer en bien, une situation quelconque. La prière est l'arme principale pour détruire le mensonge dans l'homme et puisque c'est une arme, elle doit être utilisée par des personnes habilitées. ***Cantiques des cantiques 3 :7-8 « Voici la litière de Salomon, et autour d'elle, soixante vaillants hommes, des plus vaillants d'Israël. 8. Tous sont armés de l'épée, sont exercés au combat ».***

De son temps sur la terre, Jésus s'était choisi des hommes qu'il était en train de former en vue de leur communiquer ses valeurs. Il les a appelé disciples, amis et apôtres, juste pour les différencier des autres. Ces hommes étaient formés afin de former à leur tour, les gens à qu'il les enverrait ; c'est pourquoi à la fin de la formation, il leur a dit : ***« Allez, faites de toutes les nations des disciples » Matthieu 28 :19***

Les disciples sont des personnes éligibles pour la formation afin que par le canal de la prière, qu'ils soient des personnes accomplies pour détruire le mensonge en eux d'abord afin de vivre la vraie vie, puis chez les autres, pour la leur communiquer. Ils sont ainsi des amis avec qui :

- On partage tout

Jean 15 :15 « je ne vous appelle plus serviteurs, parce que le serviteur ne sait pas ce que fait son maitre ; mais je vous ai appelés amis, parce que je vous ai fait connaitre tout ce que j'ai appris de mon père ».

Nous voyons ici Jésus s'adresser à ses disciples de tout son cœur car il leur avait tout dit. Il est vrai qu'il s'adressait aussi à la foule pendant son vivant, mais la bible nous démontre que la plupart de ses paroles étaient adressées à ses disciples. Plusieurs exemples peuvent le confirmer entre autres : les béatitudes dans ***Matthieu***

5 :1-2 « voyant la foule, Jésus monta sur la montagne ; et, après qu'il se fut assis, ses disciples s'approchèrent de lui. 2. Puis ayant ouvert la bouche, il les enseigna, et dit : … »

Luc 11 :1 nous enseigne que c'est seulement les amis de Jésus, c'est-à-dire les disciples, qui ont le droit de prier leur Père dans les cieux. ***« … un de ses disciples lui dit : seigneur, enseigne-nous à prier, … ».***

Les disciples sont donc des enfants de Dieu et par conséquent, bénéficient des avantages liés à la parole de Dieu. Voilà pourquoi ceux qui ne connaissent pas Jésus ne peuvent non plus s'adresser au vrai Dieu parce qu'il n'est pas leur Père mais ils sont fils du mensonge qui domine en eux.

Un disciple, c'est celui qui a reçu le seigneur jésus comme seigneur et sauveur personnel, et a le Saint-Esprit comme un don de Dieu. ***Actes 2 :38 « Pierre leur dit : repentez-vous, et que chacun de vous soit baptisé au nom de Jésus-Christ, pour le pardon de vos péchés ; et vous recevrez le don du Saint-Esprit ».***

Cependant, être disciple n'est pas une fin en soi car il y a la dimension de fils qu'il faut atteindre. Un disciple se différencie du fils par la maturité ; et cela n'est possible que par l'action du Saint-Esprit. Dans sa dimension de disciple, Pierre pouvait encore renier Jésus malgré le temps qu'il avait passé avec lui. En tant que disciples, ils sont tous retournés à leur activité de pêche après la mort de Jésus car, le Saint-Esprit ne les avait pas encore impactés. ***Jean 21 :3 « Simon pierre leur dit : je vais pêcher. Ils lui dirent : nous allons aussi avec toi… ».*** Ils avaient oublié que Jésus avait fait d'eux des pêcheurs d'hommes et ils ont repris de pêcher les poissons jusqu'à ce que jésus leur apparaisse plus d'une fois en leur donnant des consignes telles que d'attendre l'effusion du Saint-Esprit à Jérusalem ***Actes 1 :4.***

C'est seulement après l'effusion du Saint-Esprit que Pierre qui avait peur des femmes jusqu'à renier Jésus pouvait affronter les sanhédrins et avoir l'audace de dire : ***« Jugez s'il est juste devant Dieu, de vous obéir plutôt qu'à Dieu ; » Actes 4 : 19.***

Un disciple a le Saint-Esprit mais n'en est pas rempli ; c'est pourquoi il vacille dans sa foi. Mais un fils de Dieu est rempli du Saint-Esprit et est stable dans sa foi. Un disciple est un ami à qui on ne dit pas tout faute de maturité alors qu'à un fils, on dit tout parce qu'il est capable de mettre en pratique ce qu'on lui dit. Un disciple est semblable aux trois premières sortes de terre dont nous parle la parabole du semeur dans **Matthieu 13** alors qu'un fils est semblable à la dernière terre c'est-à-dire la bonne. Un disciple battit sa foi sur les réalités alors qu'un fils battit sa foi sur la vérité, c'est-à-dire la parole de Dieu. Un disciple a en lui la bataille entre le bien et le mal mais un fils est dominé par le bien.

En connaissant que Pierre n'était encore qu'un simple disciple, Jésus lui dit : « Et moi, je te dis que tu es Pierre, et que sur cette pierre je bâtirai mon église et que les portes de séjour des morts ne prévaudront point contre elles ». Matthieu 16 : 18. Jésus lui promet qu'il bâtirait son église sur une pierre c'est-à-dire sur la parole de Dieu qu'il a déjà entendu mais qui serait cette fois-ci, soutenue par le Saint-Esprit car il est la vraie fondation.

Nous comprenons donc que sans le Saint-Esprit, personne ne peut prétendre comprendre la parole de Dieu. C'est seulement grâce à Lui que les paraboles dites à la foule peuvent être expliquées en privée.

Recevoir Jésus comme seigneur et sauveur est une chose, mais recevoir le baptême du Saint-Esprit, en est une autre. Auparavant, au temps des apôtres en particulier, il ne suffisait pas d'accepter Jésus comme seigneur et sauveur mais il fallait se faire baptiser d'eau tout de suite et recevoir le baptême du Saint-Esprit. C'était le secret des vraies conversions qu'on ne retrouve plus ces temps-ci. C'est pour moi l'occasion de te demander toi qui a reçu Jésus dans ta vie, de suivre le cours de baptême et de te faire baptiser par immersion dans une bonne église, selon la directive du Saint-Esprit.

On reçoit Jésus dans la chambre basse mais on est baptisé du Saint-Esprit dans la chambre haute. La chambre basse est accessible à tous et c'est l'étape la plus facile car il suffit simplement de confesser de ta bouche le seigneur Jésus et de croire qu'il est ressuscité d'entre les morts et tu es sauvé comme le dit ***Romain 10 :9.*** Mais pour marcher comme Jésus, il faut aller dans la chambre haute c'est-à-dire, dans une dimension d'accepter de tout laisser pour Le suivre. Qui dit tout laisser, dit : se séparer totalement de mauvais plaisir du monde ; accepter de devenir aveugle spirituellement, c'est-à-dire, ne pas se conduire seul afin que Dieu seul nous conduise ; accepter les persécutions liées à la foi en Jésus. C'est ce que Jésus appelle se charger de sa croix.

De nos jours, les gens qui reçoivent Christ ne sont pas prêts à lui donner le règne total de leur vie car ils sont affectueux aux choses du monde et par conséquent, nous avons des églises remplies de mondains et de personnes sans amour pour Dieu. Ils veulent la main de Dieu mais pas son cœur. Ils veulent se servir de Dieu pour atteindre leurs objectifs mais ne font pas de Dieu leur but.

Notons que dans la chambre haute, les choses ne se passent pas spontanément ; il y a un prix à payer.

« Dans le marché spirituel, la monnaie courante c'est la prière ; et le prix à payer, c'est la volonté, la foi, l'obéissance et la patience.» Well Mpoyi.

Vivre dans la chambre haute exige : *la volonté, la foi, la patience et l'obéissance.* Toute personne qui va dans la chambre haute est d'office considérée comme un responsable c'est-à-dire quelqu'un qui sait ce qu'il veut. C'est quelqu'un qui sait qu'il a reçu Jésus pour impacter les autres et pour les sauver de l'enfer. Une personne pareille a le sens du sacrifice et elle est mue par l'amour.

Elle sait qu'elle ne doit plus vivre comme tout le monde car elle n'est pas de ce monde c'est-à-dire qu'il ne vit pas selon la vision des hommes mais de Dieu. Elle voit les hommes comme Dieu les voit. En réalité, aller dans la chambre haute c'est aller dans un atelier de transformation ; c'est aller dans un endroit où nous faisons tomber le vieil homme (le diable : le mensonge, la méchanceté, la mentalité de la médiocrité, l'égo, etc.) pour revêtir le nouvel homme (Christ : l'amour, la vraie paix, le bonheur, la grandeur et la joie de vivre). C'est un endroit où nous faisons tomber la mentalité mondaine pour revêtir la mentalité céleste et cela pour un seul but à savoir : gagner des âmes pour Jésus.

Avant le « tout à coup », il y a d'abord un accord commun c'est-à-dire la volonté de chacun puis, la persévérance dans la prière. Ces choses sont celles qui prouvent vraiment qu'on connait ce que l'on veut ; ça prouve notre maturité. C'est seulement après cela que Dieu nous envoie le Saint-Esprit dans sa plénitude afin d'impacter pour lui. ***Actes 4 : 29-31 « Et maintenant, Seigneur, vois leurs menaces, et donne à tes serviteurs d'annoncer ta parole avec une pleine assurance, 30. En étendant ta main, pour qu'il se fasse des guérisons, des miracles et des prodiges, par le nom de ton saint serviteur Jésus. 31. Quand ils eurent prié, le lieu où ils étaient assemblés trembla ; ils furent tous remplis du Saint-Esprit, et ils annonçaient la parole de Dieu avec assurance ».*** Si tout chrétien devenait mature, nous aurons de vraies conversions et l'église pourra enfin impacter la société positivement.

Lorsque Moïse est allé sur la montagne de Sinaï, l'Éternel ne lui est pas apparu le même jour car Il testait sa maturité. Il testait sa persévérance, et voulait voir si Moïse connaissait vraiment ce qu'il venait chercher. Il voulait voir le désir ardent de Moïse de le chercher. La nuée couvrit la montagne pendant six jours mais ce n'est qu'au septième jour que Moïse vit et entendit Dieu. Après cela, il demeura quarante jours et quarante nuits dans la présence de Dieu tellement qu'il avait soif de lui.

Exode 24 : 15-18 « Moise monta sur la montagne, et la nuée couvrit la montagne. 16. La gloire de l'Éternel reposa sur la montagne de Sinaï pendant six jours. Le septième jour, l'Éternel appela Moïse du milieu de la nuée. 17. L'aspect de la gloire de l'Éternel était comme un feu dévorant sur le sommet de la montagne, aux yeux des enfants d'Israël. 18. Moïse entra au milieu de la nuée, et il monta sur la montagne. Moïse demeura sur la montagne quarante jours et quarante nuits ».

Gravir la montagne est une chose mais rencontrer Dieu en est une autre. Gravir la montagne n'est rien d'autre que le fait d'entrer dans le lieu secret et de fermer la porte afin de prier. ***Matthieu 6 :6 « Mais quand tu pries, entre dans ta chambre, ferme ta porte, et prie ton père qui est là dans le lieu secret ; et ton père qui voit dans le secret, te le rendra ».***

Ce texte nous explique que la prière se fait dans le cœur et elle consiste à fermer la porte de son cœur contre les pensées mensongères (Satan) afin de se concentrer sur la vérité (Dieu).

On peut physiquement être sur la plaine c'est-à-dire au milieu de plusieurs personnes pendant qu'on prie, mais être en même temps spirituellement sur une montagne. Aller sur la montagne n'a qu'un seul but, c'est de rencontrer Dieu seul. Une prière commence toujours de manière timide mais a pour finalité de vous conduire dans son paroxysme.

« Vous atteignez le paroxysme de la prière lorsque vous convainquez Dieu à vous prêter son cœur ». Well Mpoyi

Ce n'est qu'au septième jour que l'Éternel se révèle comme un feu dévorant qui consume le mensonge pour revêtir l'Esprit-Saint. Sans détermination et sans patience, plusieurs chrétiens descendent de la montagne sans rencontrer Dieu ; c'est pourquoi nous voyons nombres d'entre eux, manifester les fruits du mensonge malgré qu'ils prient beaucoup.

En réalité, ils ne rencontrent jamais Dieu. Ils prient sans jamais déchirer le rideau qui les sépare du lieu saint. Ils s'arrêtent sur le parvis tous les jours et se précipitent d'aller agir. C'est pourquoi il y a des chrétiens orgueilleux, menteurs, impudiques, injustes, médiocres, malheureux, malades, pauvres, moins intelligents, etc.

Il n'y a jamais eu quelqu'un qui a réellement rencontré Dieu et qui a continué à vivre dans des choses cités ci-haut. Cependant, plusieurs Le rencontrent mais ne demeurent pas pendant quarante jours et quarante nuits dans sa présence comme Moïse l'a fait ; c'est pourquoi ils rétrogradent et laissent la place au vieil homme.

Bibliquement, le nombre *quarante* est le nombre après lequel vient le salut c'est-à-dire la liberté de vivre une vie accomplie en Jésus. Lors du déluge il plut pendant *quarante* jours (Genèse. 7 :4) ; Israël se retrouve *quarante* ans dans le désert (Exode

16 : 35) ; Saül et Salomon règne chacun *quarante* ans sur Israël ; Elie marche pendant *quarante* jours pour fuir Jézabel (1 Rois 19 :8) Jésus est tenté pendant *quarante* jours (Marc 1:13) ; Après sa résurrection, Jésus se fait voir pendant *quarante* jours à ses disciples (Actes 1 :3)

Ce nombre symbolise le temps suffisant qu'il faut passer dans la présence de Dieu afin d'être transformer totalement, sans possibilité de rétrograde.

« Prier, c'est comme aller dans une station de service avec son automobile. Tu as le choix de faire le plein ou non. » Well Mpoyi

La principale chose que la prière apporte dans la vie d'un enfant de Dieu, c'est la présence de Dieu.

Les quarante jours, c'est le temps pendant lequel Dieu enlève en nous la gêne du péché et il nous remplit de sa présence au point où on n'a plus de force pour pécher. C'est le temps pendant lequel notre mentalité médiocre est transformée en mentalité excellente ; le temps où nous cessons de voir petit afin de voir grand. C'est le temps où Dieu nous donne le dégout du péché ; le temps où il détruit en nous l'usine du mal. C'est le temps pendant lequel nous passons par un scanner de sainteté afin qu'il extirpe en nous l'ivraie pour que le blé croisse seul.

Nous revêtons ainsi la conscience pure et lorsqu'une telle personne pèche par inadvertance, grâce au Saint-Esprit, il revient en lui-même le plus tôt que possible et retourne sur la montagne c'est-à-dire dans la présence de Dieu comme Moïse l'a fait après qu'il ait brisé les tables de la loi ; **Exode 34 :1**

Dieu est très jaloux de sa personne et il ne se révèle totalement qu'à ceux qui se sont décidés, c'est-à-dire ceux qui ne sont pas prêts à descendre de la chambre haute sans avoir rencontré sa gloire. La chambre haute est ici, l'image de la présence de Dieu. Dieu a dit qu'il se révèle toujours à ceux qui le cherchent de tout leur cœur. **Jérémie 29 : 13**

Demeurer dans la chambre haute, c'est en fait être amoureux de Dieu et un vrai amoureux de Dieu aime la prière. C'est quelqu'un qui ne tarde pas à porter de bons fruits alors que dans nos églises nous avons des gens qui passent du temps dans la prière mais sans transformation. Ils sont simplement remplis de désirs de vengeance, de convoitise, de jalousie, etc. Sans le savoir, ils ne prient pas pour que Dieu les transforme mais ils veulent que Dieu assouvisse leurs mauvais penchants. Malgré leur dévouement à la prière, ils ne sont pas transformés en l'image de Dieu parce qu'ils n'ont pas compris la vraie importance de la prière.

Ainsi donc, ils descendent de la montagne avant le « tout à coup » car en réalité ils ne veulent pas être changés parce qu'ils sont amoureux de leur vue. ***Matthieu 13 : 15 « car le cœur de ce peuple est devenu insensible ; ils ont endurci leurs oreilles, et ils ont fermé leurs yeux, de peur qu'ils ne voient de leurs yeux, qu'ils ne comprennent de leur cœur, qu'ils ne se convertissent, et que je ne le guérisse ».***

Seules les personnes qui ne connaissent pas l'utilité de la prière abandonnent la recherche de Dieu car c'est seulement la connaissance qui donne de vrais zèles. L'ignorance donne des zèles temporaires et par conséquent, y a pas de vraies conversions.

« Si Paul plante, Apollos arrose et que Dieu fait croitre, le chrétien a la responsabilité de cultiver son cœur ». Well Mpoyi

Chaque chrétien a la responsabilité de cultiver son cœur car Dieu fait croitre en nous la semence que ses estafettes ont plantée et arrosée. ***1 corinthiens 3 :6 « j'ai planté, Apollos a arrosé, Dieu a fait croitre ».*** On plante la parole de Dieu en nous par des enseignements et des conseils, on l'arrose par le témoignage et les affermissements et Dieu la fait croitre par la puissance du Saint-Esprit. Tout ceci n'est possible que dans une terre fertile c'est-à-dire dans un cœur désirant réellement changer. L'homme a donc la responsabilité de disponibiliser son cœur pour que Dieu fasse le reste.

Par défaut de cette responsabilité, il y a de moins en moins de vrais disciples, pas assez des fils de Dieu et donc, Dieu ne nous parle plus en profondeur mais seulement par-dessus et c'est pourquoi on n'impact plus pour lui.

- Un ami, c'est aussi quelqu'un qu'on désire

En tant que disciple, Dieu nous parle de tout par le canal de ses serviteurs dans le souci de nous amener à Le chercher profondément pour que nous devenions des fils. Il n y a que des fils qui sont conduits par l'Esprit de Dieu. ***Romain 8 :14 « Car tous ceux qui sont conduits par l'Esprit de Dieu sont fils de Dieu ».*** En réalité, Dieu éprouve un grand désir de nous parler à chacun, lui-même. Il désire ardemment de se faire connaitre à tout un chacun, personnellement. Ce n'est pas sa volonté parfaite de nous voir être enseignés tout le temps par ses serviteurs. ***1 jean 2 : 27 « Pour vous, l'onction que vous avez reçue de lui demeure en vous, et vous n'avez pas besoin qu'on vous enseigne ; mais comme son onction vous enseigne toutes choses, et qu'elle est véritable et qu'elle n'est point un mensonge, demeurez en lui selon les enseignements qu'elle vous a donné ».***

La présence de Dieu emmène en nous inévitablement la présence de l'onction.

Les serviteurs de Dieu sont des personnes comme nous mais ils sont différents dans la mesure de l'expression de leur amour pour Dieu, de l'amour pour les âmes perdues et de leur sens du sacrifice. Ils sont comme des téléphones disponibles alors que le peuple est comme le téléphone éteint. Dieu passe par eux pour nous demander d'ouvrir ou d'allumer nos téléphones afin qu'Il nous parle lui-même. C'est par leur canal que Dieu frappe dans nos cœurs pour que nous puissions lui ouvrir afin qu'Il demeure avec nous et en nous.

La volonté parfaite de Dieu est de nous voir s'édifier les uns et les autres, y compris ses serviteurs car ils sont aussi des humains. Les serviteurs ont aussi besoins de nous voir les encourager. Ils nous donnent ce qu'ils ont envie de recevoir en retour. Ils nous édifient pour que nous les édifiions aussi, mais de nos jours, le peuple de Dieu laisse les serviteurs chercher Dieu à leur place. Il laisse les serviteurs devenir des amis de Dieu pour eux, oubliant qu'eux-mêmes sont appelés à être des amis-serviteurs.

C'est à cause de cela que le peuple de Dieu est encore dépendant des serviteurs. Ils sont incapables de manifester les prémices de la conversion à savoir : chasser les démons (supprimer les paroles et pensées négatives de leur cœur), parler de nouvelles langues (ne confesser que des paroles positives provenant de la vérité de la parole de Dieu), saisir des serpents (savoir distinguer le mensonge de la vérité), survivre après avoir ingérer le poison (persévérer après un échec), imposer les mains aux malades pour les guérir (transmettre la vérité à ceux qui sont rongés par le mensonge). ***Marc 16 :17-18***

Abraham est l'exemple probant de l'amitié avec Dieu car ce dernier ne lui cachait plus rien. ***Genèse 18 :17 « Alors l'Éternel dit : cacherai-je à Abraham ce que je vais faire ?... »*** Notons qu'Abraham aussi fut passé par la chambre haute avant de devenir ami de Dieu. L'Éternel n'est pas devenu son ami lorsqu'il était encore Abram. Il a fallu que l'Éternel fît alliance avec lui afin de transformer son nom en introduisant la lettre H. Cette lettre est en réalité la présence de Dieu. Cela symbolise le nom de Dieu. C'est pour nous un brevet qui nous est délivré après avoir réussi à l'épreuve de la transformation. C'est par-dessus tout, le greffage de Jésus en nous ; ainsi on dira que Jésus-Christ s'est installé dans notre vie. Ce n'est pas en vain que Jésus disait qu'Abraham avait vit son jour. ***Jean 8 : 56***

L'obéissance aveugle d'Abram à Dieu était donc le signe d'une volonté de transformation sachant que la volonté d'être transformé implique la discipline. L'Éternel lui parle et lui promet des choses ; Il le conduit et teste sa persévérance mais ne fait pas encore alliance d'amitié avec lui jusqu'à ce qu'il s'assure qu'Abram a suffisamment passé du temps avec lui pour ne plus qu'il rétrograde car on ne peut porter des nations dans son sein, sans passer par la croix.

La croix est le symbole du temps de test qu'on passe dans la présence de Dieu ; c'est le temps qu'on passe avec Dieu mais sans vivre sa main; c'est le temps où il ne fait que nous donner des consignes et nous rappeler ses promesses; c'est un temps d'enseignement, de formation et d'équipement.

Il essaye pendant ce temps de captiver notre amour afin que nous ne soyons pas des profiteurs, mais des amoureux de sa personne ; malheureusement pour les chrétiens d'aujourd'hui, c'est à cette étape qu'ils descendent de la montagne ou ils se déchargent de leur croix car en réalité, ils veulent la main de Dieu mais pas son cœur.

Abram est passé par le temps d'inquiétudes comme toi et moi quant à l'enfant qu'il devrait avoir car Dieu lui avait promis d'être le père d'une multitude. ***Genèse 15 :3 « Et Abram dit : voici, tu ne m'as pas donné de postérité, et celui qui est né dans ma maison sera mon héritier ».*** Dieu a continué de lui promettre et de le fortifier en le rassurant qu'il aurait réellement un enfant qui proviendrait de son couple avec Sara.

Abram est même passé par le temps de confusion car il a écouté la voix de Sarai sa femme, en allant connaitre Agar sa servante parce qu'ils estimaient que la promesse de Dieu tardait. ***Genèse 16 :2 « Et Sarai dit à Abram: voici, l'Éternel m'a rendu stérile ; viens, je te prie, vers ma servante ; peut-être aurai-je par elle des enfants. Abram écouta la voix de Sarai ».***

Tant qu'Abram n'a pas encore atteint quatre-vingt-dix-neuf ans, l'Éternel ne le transforme pas en Abra**h**am. ***Genèse 17 : 1 « lorsqu'Abram fut âgé de quatre-vingt-dix-neuf ans, ...».*** Quatre-vingt-dix-neuf ans est le symbole de la maturité spirituelle. Abram n'était pas encore prêt à offrir Isaac, mais Abra**h**am, si ; c'est pourquoi Dieu a attendu la maturité d'Abram. La maturité ici est l'apposition du sceau de Jésus en nous et c'est Dieu qui s'en charge.

Jésus est le cadeau que Dieu réserve à quiconque qui va à la chambre haute ; et pour reconnaitre la valeur de ce Jésus, Dieu nous fait passer par diverses épreuves afin que nous puissions bien garder ce cadeau et qu'on ne s'en débarrasse pas même par inadvertance comme l'ont fait Marie et Joseph lorsque Jésus avait 12 ans ***« lorsqu'il fut âgé de douze ans, ils y montèrent, selon la coutume de la fête. 43. Puis quand les jours furent écoulés, et qu'ils s'en retournèrent, l'enfant Jésus resta à Jérusalem. Son père et sa mère ne s'en aperçurent pas ». Luc 2 :41-42***

C'est pourquoi Il nous grave Jésus dans deux endroits très importants à savoir : sur le cœur et sur le bras. ***Cantiques 8 : 6 « Mets-moi comme un sceau sur ton cœur, comme un sceau sur ton bras ;... »***

Le cœur est le témoignage intérieur ; c'est l'amour inébranlable de l'homme envers Dieu alors que le bras symbolise le témoignage extérieur ; c'est l'identité du disciple fervent, de l'ami de Dieu et de son fils.

Beaucoup de chrétiens ne vivent pas la bible parce qu'ils sont pressés de voir Dieu agir dans leur vie selon leurs attentes alors que Dieu cherche à les transformer d'abord ; et puisqu'ils ne supportent pas ça, ils ne vivent pas Dieu.

Dieu recherche les gens qui lui seront fidèles après la bénédiction comme Hénoc dans Genèse 5 : 22 « Hénoc, après la naissance de Metuschéla, marcha avec Dieu trois cents ans et il engendra des fils et des filles ». Dieu a besoin des fils et non des mercenaires ; Il recherche des personnes qui ont un sentiment de détachement quant aux richesses matérielles qu'ils peuvent recevoir de Lui et non des personnes qui y seront attachées comme le jeune homme riche dans Luc 18 :18 « Un chef interrogea Jésus, et dit : Bon maitre, que dois-je faire pour hériter la vie éternelle ? 20. Tu connais les commandements : Tu ne commettras point d'adultère ; tu ne tueras point ; tu ne diras points de faux témoignages ; honore ton père et ta mère. 21. J'ai, dit-il, observé toutes ces choses dès ma jeunesse. 22. Jésus, ayant entendu cela, lui dit : il te manque encore une chose : vends tout ce que tu as, distribue-le aux pauvres, et tu auras un trésor dans les cieux. Puis viens et suis-moi. 23. Lorsqu'il entendit ces paroles, il devint tout triste ; car il était riche. 24. Jésus, voyant qu'il était devenu triste, dit : qu'il est difficile à ceux qui ont des richesses d'entrer dans le royaume de Dieu ! »

La recherche de l'argent est depuis longtemps, la chose prioritaire de tout humain ; mensonge que le diable nous a inculqué. Certes que l'argent est important car il permet à l'homme de vivre dans la liberté mais il doit être recherché sur de bonnes bases. Sachons que toute acquisition des richesses en dehors de Jésus est toujours vouée à l'insatisfaction ; c'est pourquoi l'on dit : l'argent ne fait pas le bonheur.

Tout celui qui a acquis des richesses selon le principe de la nature établit par Dieu mais n'ayant pas au préalable Jésus dans son cœur, vous dira qu'il a toujours un vide dans sa vie. Il peut être intègre mais n'ayant pas un bon foyer, il peut avoir un bon partenaire mais atteint d'une maladie grave ; il peut être respecté de la société, mais étant dépendant de la drogue ; etc. Bref, il a un manque parce qu'il n'a en réalité pas respecté la totalité de la loi établie par son créateur. C'est pourquoi nombreux utilisent leur argent pour des fins éphémères qui ne durent que peu, le temps de les plonger dans les ténèbres jusqu'à ce qu'ils meurent malheureux.

« L'homme a toujours dans son cœur, un vide qui a la forme de Jésus et que rien ni personne d'autres ne peut combler » Pasteur Marcello Tunasi

Et même s'ils vivent heureux comme beaucoup les prétendent, ce n'est pas étonnant car Jésus l'avait déjà prédit de son vivant :

Apocalypse 3 :17-18 « Parce que tu dis : je suis riche, je me suis enrichi, et je n'ai besoin de rien, et parce que tu ne sais pas que tu es malheureux, misérable, pauvre et nu. 18. Je te conseille d'acheter de moi de l'or éprouvé par le feu, afin que tu deviennes riche, et des vêtements blancs, afin que tu sois vêtu et que la honte de ta nudité ne paraisse pas, et un collyre pour oindre tes yeux, afin que tu voies ».

Ils sont donc ignorants rien de plus. Ils pensent qu'ils n'ont pas besoin de Jésus mais en réalité si. Si c'est ton cas, sache que tu dois donner ta vie à Jésus afin que tu sois réellement riche et que tu vives mieux après ta mort.

Pour nous éviter cela, Dieu nous demande de chercher d'abord le royaume des cieux c'est-à-dire les choses d'en haut, principalement Jésus-Christ, car il est l'essentiel. ***« Dans sa droite est une longue vie ; dans sa gauche, la richesse et la gloire. 17. Ses voies sont des voies agréables, et tous ses sentiers sont paisibles. 18. Elle est un arbre de vie pour ceux qui la saisissent, et ceux qui la possèdent sont heureux. » Proverbes 3 :1-18***. Souvenez-vous, Jésus n'est rien d'autre que *la sagesse et l'intelligence divine*. Si nous L'avons, le reste nous sera donné par surcroit. ***Matthieu 6 :33.*** C'est par lui que nous aurons tout.

Matthieu 2 :10-11 « quand ils aperçurent l'étoile, ils furent saisis d'une grande joie. 11. Ils entrèrent dans la maison, virent le petit enfant avec Marie, sa mère, se prosternèrent et l'adorèrent ; ils ouvrirent ensuite leurs trésors, et lui offrirent en présent de l'or, de l'encens et la myrrhe »

C'est ici que la promesse de Dieu s'accomplit où il dit : ***« j'ordonnerai à la bénédiction d'être avec toi dans tes greniers et dans tes entreprises ». Deutéronome 28 :8.*** Marie n'avait jusque-là jamais été visitée par les mages mais à cause de Jésus, Dieu a ordonné aux mages d'apporter la richesse à son endroit.

Si nous avons Jésus, nous avons la clé du bonheur parfait car Il est Le bon berger qui nous conduit dans des eaux paisibles et dans de bons pâturages. Depuis que l'homme a péché, ses yeux ont été aveuglés par le mensonge c'est pourquoi, il ne sait pas distinguer là où se trouve son vrai bonheur. Pour l'aider, Dieu nous a donné Jésus comme étant la Canne qui conduit un aveugle afin que par lui, nous puissions retrouver ce bonheur. Plus nous le connaissons tôt, plus tôt nous vivons une vie heureuse sachant qu'il n'y a qu'un seul choix qu'il nous faut.

Il y a plusieurs femmes sur la terre, mais une seule est vraiment la vôtre ; il y a plusieurs pays mais un seul est vraiment votre pays d'origine ; il y a plusieurs métiers mais un seul vous est vraiment approprié ; il y a plusieurs églises, mais une seule vous est vraiment destinée, etc. À cause de cette multiplicité de choix, nous avons besoin de l'aide de la personne qui nous a envoyé sur terre afin qu'il nous conduise vers l'unique bon choix.

L'homme tâtonne et de fois même ne trouve pas le bon choix parce qu'il se conduit lui-même. Et sachez que là où Dieu n'est pas, le diable se place automatiquement. Il n'existe pas de vide spirituel. Ainsi, l'homme se conduit ensemble avec le mensonge, (le diable).

Nos situations nous sont soumises à cause de la présence de Jésus en nous. Atteindre la maturité, c'est prendre conscience de Jésus, en Le chérissant plus que tout. Celui qui a Jésus pour fondement, il n'éprouvera jamais un sentiment d'attachement aux biens que Dieu lui donne, plus que le cœur de ce Dieu. Il sera prêt à tout perdre mais pas ce Dieu car c'est lui la source de toutes bonnes richesses. C'est le test que Dieu a fait passer à Abraham en lui demandant son fils Isaac. Il voulait voir si Abraham était plus amoureux de la bénédiction ou de la source de la bénédiction.

« C'est la bénédiction de l'Éternel qui enrichit et ne la fait suivre d'aucun chagrin » Proverbes 10 :22

- Un ami est celui pour qui on peut tout faire

La prière est un appel au secours pour un chrétien ; et quand il crie, Dieu intervient toujours. Psaumes 107 : 19-20 « Dans leur détresse, ils crièrent à l'Éternel, et il les délivra de leurs angoisses ; Il envoya sa parole et les guérit, Il les fit échapper de la fosse ». À chaque fois que nous prions, Dieu nous envoie toujours sa parole d'une manière ou d'une autre. Il nous parle au travers des prédicateurs, de nos frères, de nos parents, des inconnus, des anges, de la nature et même au travers des païens ou des animaux comme il l'a fait avec Balaam.

Lorsque Daniel priait pour le salut de Jérusalem, Dieu a envoyé sa parole au travers de l'ange Gabriel. Daniel 9 :23 « lorsque tu as commencé à prier, la parole est sortie, et je suis venu pour te l'annoncer ; car tu es un bien-aimé. Sois attentif à la parole et comprend la vision ». Au deuxième verset de ce chapitre, il a commencé d'abord par lire et dans le troisième, il a tourné sa face vers le seigneur pour prier. Conséquence, l'ange est venu et lui demanda d'être attentif à la parole afin de comprendre la vision de Dieu.

Nos églises d'aujourd'hui ne sont plus attentives à la parole de Dieu à cause de la négligence, c'est pourquoi les chrétiens sont souvent malheureux. Lorsque Pierre cria à Jésus de le sauver car il s'écroulait, Jésus lui envoya la parole. ***Matthieu 14 :30-31 « Mais voyant que le vent était fort, il y eut peur ; et comme il commençait à enfoncer, il s'écria : seigneur sauve-moi ! 31. Aussitôt Jésus étendit la main, le saisit, et lui dit : Homme de peu de foi, pourquoi as-tu douté ? »***

Pierre a prié Jésus de le sauver, et pour lui répondre, Jésus le saisit d'abord par la main et Il le réprimanda en lui disant qu'il ne fallait pas douter. Le fait de le saisir par la main signifie qu'il a été sauvé par la foi de jésus car Jésus était toujours sur l'eau pendant que Pierre s'écroulait. Jésus avait gardé sa foi en la parole de Dieu qu'il était lui-même ; autrement, il avait confiance en soi malgré le vent qui soufflait.

Dans sa réponse, la prière de Pierre avait énervé Jésus. La volonté de Jésus c'était que Pierre continuât à regarder à Jésus c'est-à-dire à la parole plutôt qu'au vent qui soufflait. Pierre a commencé à enfoncer quand il avait pris conscience du vent.

Il y a donc certaines prières à ne plus faire car ça ne révèle que notre bas-niveau de connaissance ; et ça énerve Dieu. En réalité, Pierre n'avait pas encore compris la puissance de la parole de Dieu ; voilà pourquoi Jésus disait : « ***Vous êtes dans l'erreur puisque vous ne comprenez ni les Ecritures, ni la puissance de Dieu ». Matthieu 22 :29.***

Mais après la chambre haute, Pierre pouvait ordonner aux paralytiques de s'élever et de marcher parce qu'il avait enfin compris la puissance de la parole de Dieu.

Lorsque Zacharie priait, Dieu avait envoyé sa parole au travers d'un ange. **Luc 1 : 10-20.** Mais il fut sanctionné directement lorsqu'il ne crut pas en la parole de Dieu par l'ange. Dieu fait tout pour que nous croyions en la parole et que nous sachions comment s'en servir car c'est La seule et Unique arme qu'il nous a donnée pour agir avec.

« La bible est un colis que Dieu donne à l'homme pour son pèlerinage sur la terre. Tout y est ; il suffit de bien chercher ». Well Mpoyi

Une fois que nous avons connaissance de la bible, nous avons à présent la capacité de créer ce que l'on veut mais au temps convenable car nous avons le feu-vert. Nous devenons ainsi des héritiers matures qui jouissent des avantages liés à la divinité.

Puisque la prière est inhérente à la parole de Dieu, elle nous aide à avoir un état d'esprit qui nous permet d'attirer vers nous tout le bonheur de la vie. Aucune autre chose n'est plus forte et puissante que *la parole de* Dieu car c'est Jésus lui-même. Ceci veut dire que personne n'est plus fort que Jésus.

Nous distinguons trois grandes formes de prières à savoir :

a) La prière envers Dieu ;

Dieu est l'instituteur de la prière ; c'est lui qui nous a demandé de nous adresser à lui en cas de problème. Au temps du premier homme, il n'en était pas ainsi car Dieu avait tout mis à la disposition de l'homme. Il avait créé l'homme en dernier lieu parce qu'il ne voulait pas qu'il ne manquât de quelque chose. Il ne voulait pas que les besoins physiques soient la préoccupation principale de l'homme car ça serait un empêchement pour leur amitié.

Pour l'épanouissement de l'homme, Dieu a mis en nous un besoin principal et des besoins secondaires. Le besoin principal est celui qui nous met en relation direct avec Lui alors que les besoins secondaires nous mettent en relation avec nous-même. La satisfaction du besoin principal implique automatiquement celle des besoins secondaires tandis que l'inverse n'est pas possible.

Une personne qui satisfait d'abord ses besoins secondaires aura toujours un manque car Le besoin principal ne s'acquiert pas de la même manière que ceux-ci. Les deux sortes de besoins n'occupent pas le même espace en nous ; chaque besoin a sa place unique par conséquent, ils ne sont pas substituables.

La volonté parfaite de Dieu en créant l'homme, n'était pas que ce dernier lui demande des choses car il est un Père responsable. Il sait déjà tout ce dont nous avons besoin, avant que nous le lui demandions. **Matthieu 6 : 8.**

Dieu s'était arrangé de mettre l'homme à l'aise. À aucune place dans la bible Adam ou Eve ont demandé quelque chose à Dieu. C'est Dieu qui constatait le besoin et Il le comblait avant même que l'homme ne s'en aperçoive. ***Genèse 2 :18 « L'Éternel Dieu dit : il n'est pas bon que l'homme soit seul ; je lui ferai une aide semblable à lui ».*** Avant l'arrivée d'Eve, Adam était déjà heureux car il ne s'inquiétait pas. L'homme vivait déjà bien sans la femme mais cependant, Dieu a trouvé qu'il serait mieux d'ajouter la femme pour un but crucial que je vous expliquerai tout de suite.

Dieu avait donné à Adam la responsabilité de la gestion du jardin. ***Genèse 2 :15 « L'Éternel Dieu prit l'homme et le plaça dans le jardin d'Eden pour le cultiver et le garder ».*** Dieu n'a pas appelé Eve aide parce qu'Adam n'avait pas suffisamment de force pour gérer et cultiver le jardin mais c'était pour qu'Adam réalise sa relation avec Dieu. C'était pour qu'Adam matérialise sa relation avec Dieu parce qu'il est son image. En réalité, Adam et Eve n'étaient qu'une seule personne comme Dieu était une seule personne avec Adam. C'est pourquoi le jour où Dieu les a chassés, la bible ne dit pas que Dieu **les** chassa mais elle dit que Dieu **le** chassa parce qu'en réalité, il n'y avait qu'Adam dans le jardin d'Eden. ***Genèse 3 : 23 « Et l'Éternel Dieu le chassa du jardin d'Eden, pour qu'il cultive la terre, d'où il avait été pris. 24. C'est ainsi qu'il chassa Adam ; ... »***

Dieu a créé Adam de la même manière qu'il a créé Eve. Adam est sorti de Dieu ; et Eve est sortie d'Adam. En soufflant dans les narines d'Adam Dieu s'était reproduit en Adam et en tirant la côte de l'homme pour créer la femme, Dieu a reproduit Adam, mais en femme.

Tout ceci avait sa raison d'être puisqu'aujourd'hui, nous comprenons mieux la relation entre Dieu et l'homme en observant la relation entre l'homme et la femme.

Tout a basculé le jour où l'homme a péché. En péchant, l'homme a été chassé du cadre idéal ; il a été chassé de l'endroit où y'avait tout le nécessaire pour un endroit où y'avait rien. Il a été chassé du paradis pour la terre. La terre n'est pas le cadre idéal pour l'homme. La terre est en réalité un endroit où Dieu envoie tout celui qui se rebelle contre lui, à l'exception de Jésus qui a lui-même accepté de venir ici pour nous sauver.

Même Satan a été précipité sur la terre à cause de sa rébellion. Ce n'est qu'en dehors du jardin d'Eden que tout est difficile pour l'homme. C'est en dehors du jardin que l'homme mange à la sueur de son front et la femme enfante avec douleur. Dans le jardin d'Eden, il n'y avait aucune souffrance. L'homme trouvait du plaisir à cultiver car il cultivait le jardin par formalité parce que tout croissait par les stratégies de Dieu. C'est parce que Dieu n'aime pas des fainéants qu'il avait demandé à Adam de faire quelque chose. Dieu ne voulait pas le voir croiser les bras parce que lui-même travaille toujours. ***Jean 5 :17 « Mais Jésus répondit : Mon père agit jusqu'à présent, moi aussi j'agis ».***

En criant vers Dieu lorsqu'on est en dehors du jardin d'Eden, on ne peut être exaucé car la terre symbolise le péché et la malédiction. À cause de son amour pour l'homme, il a envoyé l'arbre de vie qui était dans le jardin d'Eden c'est-à-dire qu'il a envoyé Jésus de venir sur la terre et de ramener l'homme dans le jardin d'Eden. ***Jean 3 :16 « Car Dieu a tant aimé le monde (l'homme) qu'il a donné son Fils unique, afin que quiconque croit en lui ne périsse point mais qu'il ait la vie éternelle »***. Ce passage veut dire que quiconque ne veut pas rester souffrir sur la terre, doit croire en la parole de Dieu c'est-à-dire en Jésus. Autrement, que tout celui qui ne veut pas souffrir des maux de la terre et de l'au-delà, doit croire en Jésus qui est la vie éternelle.

Jésus nous ramène dans le jardin d'Eden parce que lui-même y est en tant qu'arbre de vie mais au ciel en tant que Roi qui est assis sur le trône.

Pour le salut de l'homme, Dieu nous demande de chercher premièrement le royaume des cieux c'est-à-dire de chercher la direction qui mène vers le jardin d'Eden. Il nous dit de chercher à retourner d'abord dans le jardin d'Eden, et toutes les autres choses nous seront données par-dessus. C'est au jardin d'Eden qu'il y a tout ce dont nous avons besoin sans se bousculer.

À chaque fois que nous prions Dieu, nous faisons appel à Jésus car il est celui qui nous met en contact avec le Père. Quand nous crions vers Dieu, Il ne nous présente que Jésus. Plus nous connaissons Jésus, plus nous faisons notre retour au jardin d'Eden car c'est cela la volonté parfaite de Dieu.

b) La prière envers soi ou la confession

La révélation de la parole de Dieu n'est pas une fin en soi car il faut que nous devenions cette parole. Après avoir reçu la parole de Dieu, nous devons l'intérioriser, nous devons en faire une propriété privée. Cette parole reçue doit impérativement nous sortir de la prison qui est la terre et ses maux. ***Romain 10 :9 « si tu confesses de ta bouche le seigneur Jésus, et si tu crois dans ton cœur que Dieu l'a ressuscité des morts, tu seras sauvé »***. Ce texte nous fait comprendre que pour être sauvé, il faut confesser la parole de Dieu et, croire que cette parole est bien vivante. En confessant la parole de Dieu, on la rend vivante, on l'actualise, on la met à jour.

On parle ici de la parole révélée (Rhema) c'est-à-dire la parole que le chrétien a dans son cœur, la parole qu'il a comprise et crue.

Avant d'aller plus loin, rappelons que l'homme a trois parties en lui : il a le corps, l'âme et l'esprit. Le corps est le conscient de l'homme ; c'est la partie qui est en contact avec le monde, c'est la partie qui tient compte des réalités de la terre. L'âme est le subconscient de l'homme ; elle est une puissance sans direction ; elle travaille avec les matériaux qu'on lui donne ; elle ne fait que reproduire ce qu'elle reçoit. L'esprit est le super conscient ; c'est la chambre de Dieu, c'est la partie qui est en contact avec le surnaturel, c'est la partie qui est censée être en contact avec la vérité.

Puis que le subconscient est une puissance sans direction, elle ne reproduit que ce qu'elle reçoit du super conscient c'est-à-dire de l'esprit. L'esprit de l'homme est un domaine réservé à la divinité seul ; c'est un endroit qui est réservé à la parole qu'on entend. L'esprit est aussi un être avec les cinq sens comme le corps ; il voit, il sent, il entend, il touche, il goute aussi.

Ce n'est pas en vain que nous sauvons les âmes des hommes essentiellement car l'âme a la capacité de sauver ou de faire périr et le corps et l'esprit. Grace à l'âme, le corps peut vivre très longtemps ou mourir très tôt et aussi, l'esprit peut trouver du repos ou soit errer sans trouver la paix.

D'un côté, Satan et ses adeptes ont le travail d'implanter en notre esprit de faux enseignements afin que nous puissions les reproduire. Le subconscient de celui qui est mal enseigné ne va se nourrir que de ces faux enseignements logés dans son esprit et il vivra les résultats dans son corps physique. De l'autre côté, Dieu et ses serviteurs travaillent à ce que l'homme connaisse la vérité, et qu'il s'en sert pour vivre la vie de Dieu. Cette vérité se loge dans notre esprit et fait un avec Dieu ; par conséquent, l'homme manifeste de bonnes choses qu'il tire de son bon trésor.

Lorsque nous entendons la parole de Dieu, nous nourrissons notre esprit. Plus nous entendons la parole de Dieu et nous lisons la bible, plus notre esprit se reconstruit. Ce n'est que dans la parole de Dieu qu'il n y a pas d'impossibilité ni des limites. C'est par elle qu'on peut tout accomplir en bien.

En effet, emmagasiner la parole de Dieu sans la vivre, c'est s'attirer des jugements. Plusieurs chrétiens connaissent beaucoup sur la parole de Dieu mais ne la vivent pas parce qu'ils ont encore en eux, une partie du mensonge ; et donc, le diable les influence à contempler le mensonge plutôt que la vérité.

On ne peut connaitre la parole de Dieu et continuer à vivre en dehors du jardin d'Eden parce que Dieu nous donne sa parole pour que par elle, nous puissions rentrer au jardin d'Eden ; c'est pourquoi Jésus dit : je suis le chemin ; c'est par elle(la parole) que nous découvrons les astuces du diable, c'est pourquoi il dit : je suis la vérité ; et c'est par elle que nous quittons la mort pour la vie ; c'est pourquoi il dit : je suis la vie.

Puisque la parole c'est Jésus, il faut donc confesser cette parole pour la rendre vivante. Une parole non confessée, ne vit pas. Une personne qui a la parole de Dieu mais qui ne la confesse pas, n'est pas différente d'un homme qui n'en a pas car elles vivent toutes les deux les mêmes choses. Pour sortir de la mort, pour se démarquer des païens, nous devons confesser la parole de Dieu de notre bouche. Nous devons nous servir de la parole de Dieu en l'affirmant le plus possible que nous le pouvons. Nous devons la répéter en s'imprégnant de son sens ; nous devons la répéter à haute voix de façon à nous entendre parler. En faisant cela, nous influençons notre subconscient (l'âme).

Nous devons le faire tout le temps jusqu'à ce que nous devenions cette parole ; jusqu'à ce que le mensonge (le diable) disparaisse au profit de la vérité (Jésus). En réalité, le vrai nous c'est Jésus parce que nous avons été créé à son image et à sa ressemblance ; tel il est, tel nous sommes. Il n'y a pas des différences entre nous et lui et Dieu nous aime du même amour.

Le faux nous, c'est ce que nous sommes sans Jésus ; c'est le vieil homme (le mensonge) ; c'est Adam en dehors du jardin. C'est pourquoi nous forçons les choses. Le jour où nous revêtirons Jésus, nous serons glorieux ; plus rien ne pourra nous résister ; nous serons capable de tout créer. ***Colossiens 3 :4 « Lorsque Christ votre vie, paraitra, alors vous paraitrez aussi avec lui dans la gloire ».***

Pour ce faire, nous avons la responsabilité de nous dépouiller du vieil homme ; nous avons le choix de ne plus nous ressourcer du mensonge mais plutôt de la vérité ; nous avons l'obligation de nous nourrir que de la parole de Dieu. Nous ferons ainsi fonctionner nos cinq sens physiques par nos cinq sens spirituels ; nous crèverons nos yeux physiques qui ont consciences de l'erreur, pour ouvrir nos yeux spirituels qui ne voient que la parole de Dieu ; nous cesserons d'être dirigés par nous-même et nous laisserons la commande au Saint-Esprit.

Lorsque Samson voyait de ses yeux, il ne pouvait plaire à Dieu car il se conduisait lui-même ; il ne pouvait pas remarquer la malice de Délila car il n'était pas connecté à Dieu. Il pouvait tuer beaucoup de gens mais pas ses vrais ennemis. Le jour où ses yeux physiques firent crevés et que ses yeux spirituels firent ouverts, il a fourni moins d'efforts pour tuer ses vrais ennemis car l'homme qui le conduisit aux deux poteaux était en réalité l'image du Saint-Esprit ; et d'un seul coup, il a tué un plus grand nombre de gens qu'il ne tua pendant qu'il voyait de ses yeux physiques. ***Juges 16 : 19-30***

En revêtant Jésus, nous nous disposons à être dirigés seul par le Saint-Esprit. Le Saint-Esprit nous conduit vers les eaux paisibles et vers le vert pâturage. Nous sommes du Jardin d'Eden mais nous vivons sur la terre pour aider ceux qui ont été mordu par le serpent et possédant le venin du mensonge, à guérir de leurs blessures et d'hériter le royaume des cieux. Nous avons intérêt à être bien ancrés dans la parole de Dieu afin de ne pas succomber nous-même pendant que nous essayons d'aider les autres. C'est ce qu'explique la parabole de la brebis égarée dans **Luc 15 : 4-7**

Nous avons le choix de mettre autour de nous que ce qui nous édifie car le nouvel homme Jésus, s'installe en nous que par la connaissance de la parole de Dieu et nous l'activons en confessant que ce qu'elle dit.

Notre voyage sur terre n'a qu'un seul objectif, c'est de sauver les âmes perdues par conséquent, nous ne vivons pas selon l'ensemble de règles de ce monde mais selon les règles du jardin d'Eden c'est-à-dire de la bible. Aucun homme ne connait exactement le chemin si cela ne lui a été révélé par Jésus car même Moïse dans toute son amitié avec Dieu, ne put discerner les eaux de MARA. ***Exode 15 : 23-25 « Ils arrivèrent à Mara ; mais ils ne purent pas boire de l'eau de Mara parce qu'elle était amère… 25. Moise cria à l'Éternel ; et l'Éternel lui indiqua un bois, qu'il jeta dans l'eau. Et l'eau devint douce ».***

Après que Moise ait crié à Dieu, Dieu lui indiqua Le bois qui symbolise Jésus car il est le seul qui puisse transformer les choses amères en choses sucrées. Tout ceci est juste pour nous enseigner que nos prières sont les canales par lesquels Dieu nous transmet sa parole et Il travaille à ce que nous devenions cette parole.

Lorsqu'Il nous indique sa parole, il veut que nous l'observions car elle est notre miroir. Ce dernier n'a pour rôle de nous projeter que notre propre image. Une personne remplie de Jésus, ne voit que Jésus lorsqu'elle se regarde et les autres aussi voient Jésus en elle.

c) La prière face aux circonstances ou l'ordre envers les circonstances

La parole que nous recevons est une arme avec laquelle on affronte tout ce à quoi ont fait face. La prière face aux circonstances est comprise comme étant l'ordre que donne un chrétien à des situations auxquelles il fait face.

En remplissant l'homme de la présence de Jésus, Dieu l'emmène à accomplir la parole qu'Il a lui-même dite quand il le plaça sur terre notamment : ***« Faisons l'homme à notre image et à notre ressemblance, et qu'il domine sur les poissons de la mère, sur les oiseaux du ciel, sur le bétail, sur toute la terre, et sur tous les reptiles qui rampent sur la terre ». Genèse 1 :26***

Dieu a placé l'homme sur terre pour la dominer et l'assujettir. Il l'a créé avec l'autonomie car l'homme ayant Jésus en lui, c'est Dieu. Il est l'incarnation de Dieu sur terre ; ce que Dieu fait, il peut aussi le faire pareillement car nous sommes créés à son image et à sa ressemblance.

La bible dit : ***« Dieu n'est pas un homme pour mentir, ni un fils d'homme pour se repentir ». Nombre 23 :19.*** Une autre facette de ce texte nous enseigne que Dieu est un homme mais que dans sa nature d'homme il n y a pas de mensonge donc, Il ne peut pas mentir ; et aussi, il ne se repent pas des choses qu'il a dites c'est-à-dire que Dieu ne renoncera jamais aux commandements qu'il a donnés à l'homme. C'est donc à l'homme de s'y conformer.

Ce n'est pas en vain que Jésus se faisait appelé Fils de l'homme. Il faisait allusion à Dieu ; il disait donc qu'il était Fils de Dieu.

En tant qu'image de Dieu, nous jouissons du même pouvoir mais seulement nous l'exerçons sur tout ce qui existe sous le soleil y compris les démons et le diable. Ceci pour dire que face aux situations, nous n'avons plus intérêt à crier à Dieu car nous avons le mandat de commander et de créer. C'est l'erreur que commettent nombres de chrétiens. La plupart crient à Dieu à toutes choses oubliant que Dieu nous a dotés du même pouvoir que lui. C'est pourquoi plusieurs s'écroulent comme Pierre dans la présence de Jésus. Ils prient mais ne voient pas les choses changés.

Ayant compris cela, Jésus ne criait pas à Dieu quand il était face aux situations. Il guérissait les malades, calmait les tempêtes, ressuscitait les morts par lui-même. Il déclarait toujours : sois pure, ta foi t'a sauvé, lève-toi et marche, etc. sous aucun prétexte il a dit : père guéris cet homme, père ressuscite cet homme, etc. Car il avait compris qu'il avait Dieu en lui et que dès qu'il parlait, c'était Dieu qui agissait. Pierre aussi ayant compris plus tard qu'il faisait un avec Jésus, il a dit à Ené : « Jésus te guérit, lève-toi...» **Actes 9 :4**

Lorsqu'Ezéchiel fit face aux ossements desséchés, il a semblait remettre la responsabilité de la résurrection de ces os à Dieu mais Dieu lui dit de parler lui-même car il avait le même pouvoir. ***« Et il me dit : Fils de l'homme, ces os pourront-ils revivre ? Je répondu : seigneur Éternel, tu le sais. 4. Il me dit prophétise sur ces os, et dis-leur : ossements desséchés, écoutez la parole de l'Éternel !... 7. Je prophétisais selon l'ordre que j'avais reçu. Et comme je prophétisais, il y eut un bruit, et voici, il se fit un mouvement, et les os s'approchèrent les uns les autres. 8. Je regardais, et voici, il leur vint des nerfs, la chair crût, et la peau les couvrit pardessus ; mais il n'y avait point en eux d'esprit. 9. Il me dit : prophétise, et parle à l'esprit ! Prophétise, fils de l'homme, et dis à l'esprit : Ainsi parle le seigneur,***

l'Éternel : Esprit, viens des quatre vents, souffle sur ces morts, et qu'ils revivent ! 10. Je prophétisais selon l'ordre qu'il m'avait donné. Et l'esprit entra en eux, et ils reprirent vie, et ils se tinrent sur leurs pieds : c'était une armée nombreuse, très nombreuse ». Ezéchiel 37 : 3-10

Ce texte montre à suffisance combien Dieu se plait à ce que ses enfants fassent des choses comme lui. Il s'est mis à entrainer Ezéchiel à la divinité. Ezéchiel n'a fait que répéter les mots qui provenaient de la bouche de l'Éternel et il a donné vie aux ossements desséchés.

Dans la vie, il y a trois sortes de vent de circonstances auxquels tout le monde fait face : Il y a le vent qui provient de Dieu, le vent qui provient du diable et le vent qui provient de la nature. Face à tous ces vents, l'homme est appelé à adopté l'attitude approprié afin de vaincre.

1°. Le vent qui provient de Dieu

Notons d'abord que Dieu est un Père responsable et qu'il châtie les personnes qu'il aime comme un parent qui châtie son fils. Étant amoureux de ses enfants, il fait tout ce qu'il faut pour nous ramener sur le droit chemin. Dieu ne fait pas des choses par plaisir de faire mais par nécessité.

Avant de souffler le vent dans la vie d'un homme, Dieu commence toujours par parler afin de persuader l'homme à faire sa volonté. Il avait d'abord interdit à Adam de toucher à l'arbre de la connaissance du bien et du mal avant de le punir. C'est seulement lorsque l'homme ne comprend pas le langage de Dieu qu'il voit le vent souffler dans un domaine cible de sa vie.

C'est le cas qui est arrivé à Jonas. Cet homme a reçu la consigne de Dieu d'aller prêcher à Ninive parce que les péchés s'étaient accrus ; et puisque Dieu ne se repend pas de ses appels ni de ses dons, Jonas était obligé de faire la volonté de Dieu car quiconque qui est appelé par Dieu dans un domaine particulier, n'a pas d'autres choix que d'y répondre favorablement au cas contraire, il vivra le pire cauchemar de sa vie.

Le vent soufflé par Dieu est un vent que Dieu lui-même peut calmer à condition que l'homme fasse ce qui lui a été demandé. Aucun homme ne peut tenter d'arrêter le vent qui provient de Dieu par ses propres méthodes car nul n'est plus intelligent que lui. Dieu est prêt à menacer tout celui qui tentera par sa bonne volonté, de venir en aide à quelqu'un qui fuit son appel. Aucune prière de l'homme ne peut sauver celui qui fuit l'appel de Dieu ; elle va au contraire révéler ce que la personne doit faire afin d'être quitte.

À cause de Jonas, la vie des voyageurs dans la barque était en danger ; la seule solution, c'était de se débarrasser de Jonas car il avait des comptes à rendre à Dieu. Ces voyageurs ont tenté de sauver la vie de Jonas en ramant vite afin d'accoster pour que tous soient sains et saufs mais plus ils ramaient plus le vent devenait fort. Ils n'avaient pas d'autres choix que de jeter Jonas dans la mer car ils allaient tous être noyés et Jonas serait sauvé parce que Dieu avait ordonné au gros poisson d'avaler que Jonas seul.

Cette manière d'agir de Dieu est très souvent mal ou non comprise par les hommes car ils ne sont pas perspicaces. Sachions que Dieu est capable d'ôter la vie, de bloquer des ressources, de permettre une maladie dans la vie de l'un de nos proches parents simplement pour rappeler son appelé à l'ordre. Il est capable de faire périr tout une nation à cause d'une seule personne. ***Esaïe 43 :4 « Parce que tu as du prix à mes yeux, parce que tu es honoré et que je t'aime, je donne des hommes à ta place, et des peuples pour ta vie ».***

Prenons l'exemple d'un enfant qui est destiné à servir Dieu dans l'évangélisation mais qui n'est pas encore conscient de cet appel. Son père étant riche, l'enfant se livre à l'ivrognerie, à l'impudicité, au mensonge, à l'ambiance et consort ; à cause de ces choses, il ne peut comprendre son temps de consécration. Pour le persuader, Dieu est capable de toucher à la vie de la personne qui lui donne de l'argent pour avoir cette vie c'est-à-dire à son père parce que Dieu se dit : si son père n'a plus d'argent, l'enfant non plus n'aura plus des moyens pour aller festoyer et se livrer à des infamies par conséquent, il va se mettre à me chercher.

C'est ainsi que certains parents perdent l'emploi, des marchés importants, etc. C'est pourquoi il est conseillé aux parents de canaliser leurs enfants dès le bas-âge, dans le domaine précis de leur vie selon la volonté de Dieu.

Dieu peut aussi cependant, toucher à un domaine cible de la vie de la personne concernée pour la même finalité ; c'est la situation qui m'est arrivée personnellement.

De par ma naissance, Dieu m'a appelé dans son service ; très tôt dans ma vie. Aux environs de huit neuf ans, j'ai commencé à être un homme de prière intense jusqu'à porter le nom de diacre et pasteur, nom que mes proches m'avaient donné. En voyant ma destinée, on conseilla à ma mère de m'envoyer à l'internat du petit séminaire afin d'être encadré ; Dieu ne voulant pas, mon père s'était opposé à cette proposition. Suite au manque d'encadrement, j'ai perdu mes zèles à l'âge de quatorze ans et j'ai commencé à vivre comme tout jeune de mon âge.

Après avoir décroché mon bac, je suis allé à Kinshasa pour faire l'université. Etant devenu un bon païen, je n'ai pas discerné mon entourage et j'ai amplifié des actions infâmes pendant que ma famille sombrait. Inspiré par Dieu, l'un de mes grands-frères me faisait sans cesse des remontrances mais je ne l'écoutais pas.

Il a fallu que j'échoue en première session pour prendre conscience de Dieu. Pendant que je cherchais Dieu pour réussir à l'université, plusieurs prophéties ont été dites sur moi, me rappelant sans cesse que c'était le moment de tout abandonner pour m'attacher à Jésus.

En passant de promotion, au lieu de me conformer à l'appel de Dieu, j'ai triplé des actes infâmes tout en désirant réussir brillamment à l'université cette année-là. Connaissant que je tenais beaucoup à mes études, Dieu s'était décidé de souffler un grand vent d'humiliation et d'échec dans ce domaine. Je vous avoue qu'il avait réussi. Alors que je m'attendais à réussir brillamment en première session pour essuyer les moqueries de l'année qui avait précédée, j'ai été refusé à la faculté à cause de minable pourcentage que j'avais obtenu.

Je plaidais ma cause car il ne me manquait que deux point pour être retenu mais sans suite favorable.

Sachant que j'étais cuit, Je peux vous assurer que sans un motivateur, je m'étais débarrassé de tout ce que j'aimais à savoir : des relations illicites, chansons profanes, et ambiance pour m'attacher à la bible. Depuis ce jour-là, je me suis convertie et j'ai répondu à l'appel de Dieu mais en perdant inutilement une année académique. Si j'avais obéit quand on m'avertissait, je me serais convertie sans échouer en classe.

Malgré les prières intenses des hommes de Dieu et l'intervention des proches parents, personne ne put traiter mon cas ; ceci pour dire que le vent de Dieu ne cesse que lorsque l'homme obéit à sa voix.

« Il n'est pas nécessaire de passer par la souffrance si on obéit à la voie de Dieu ou si on comprend la leçon par les expériences des autres ». Well Mpoyi

2°. Le vent soufflé par le Diable

Le diable dans la vie des hommes souffle le vent de deux manières : soit par la permission de Dieu, soit par sa propre méchanceté. Par la permission de Dieu, le diable touche à la vie d'un homme pour une raison fondamentale notamment celle de tester l'homme afin de l'aider à passer à un niveau supérieur.

« La vie est une aventure ; et à chaque étape, nous sommes évalués pour le niveau suivant. » Bishop David Oyedepo

Le diable n'est qu'un serviteur bénévole de Dieu. Il est utilisé pour notre formation. Il a été utilisé pour la vie de Job mais aussi pour celle de Jésus dans le désert.

Cependant, face à ce vent, on peut soit succomber soit résister. Tout dépend de l'endurance de la personne qui est testée. De fois, Dieu parie pour nous lorsqu'il est face à Satan et pour être certain de notre ténacité, il permet au diable de nous menacer. Le plus triste c'est de savoir que plusieurs succombent et font honte à Dieu, sans qu'ils ne le sachent.

Dieu était fière de Job et de Jésus car après les avoir vantés, le diable les a tentés et ils sortirent vainqueurs. Outres ces deux, la même situation est arrivé à Daniel et ses trois compagnons, à Mardochée et à bien d'autres.

« À chaque fois que vous êtes face à une tentation et que vous entendez au fond de vous deux voix distinctes qui l'une vous dit fait, et l'autre ne fait pas, sachez que y a un parie sur vous entre Dieu et Satan dans le lieu secret. Votre réaction honore ou déçoit Dieu. Pensez-y ». Well Mpoyi

Face à une telle situation, vous ne pouvez vaincre que si vous aimez Dieu de tout votre cœur. Et sachez que votre victoire apporte sur vous des bénédictions comme c'est arrivé avec Job, mais aussi, vous avez un renforcement angélique comme Jésus l'a vécu.

Le vent soufflé par le diable lui-même, est le vent qui souffle lorsqu'on est prêt à déranger ses plans. Dans ce cas, l'homme se sert du stock de la parole qu'il a en lui pour affronter et vaincre la situation. C'est arrivé à Jésus lorsqu'il traversait à l'autre bord dans ***Matthieu 8 : 26 : « Il leur dit : pourquoi avez-vous peur, gens de peu de fois ? Alors il se leva, menaça les vents et la mer, et il y eut un grand calme ».*** Le vent qui a soufflé ici, c'était le vent du diable car il savait que jésus guérissait toute personne malade sur son chemin. Sachant qu'il y avait deux fous possédés et qui rendaient la vie difficile aux habitants de la ville, il fit lever un vent impétueux pour empêcher l'action de Jésus.

Un tel vent peut nous arriver de milles façons. Ça peut être une maladie, un manque, une stérilité, etc. Face à de telles choses, nous avons le pouvoir de changer la situation d'un seul coup par la parole de Dieu appropriée. Il est donc indispensable de connaitre par cœur les paroles de Dieu, utiles à chaque situation.

Esaïe 54 :16 « voici, j'ai créé l'ouvrier qui souffle le charbon au feu, et qui fabrique une arme pour son travail ; mais j'ai aussi créé le destructeur pour la briser ». L'ouvrier qui souffle le charbon au feu c'est le diable et ce n'est que par la parole de Dieu que nous pouvons éteindre ce feu.

« Devant l'adversité, ce n'est plus à Dieu qu'il faut parler mais à la situation tout en lui ordonnant de disparaitre au nom de Jésus ». Pasteur Ivan Castanou

Luc 10 : 19 « Voici, je vous ai donné le pouvoir de marcher sur les serpents et les scorpions, et sur toute la puissance de l'ennemi ; et rien ne pourra vous nuire ».

En tant qu'enfants de Dieu, nous sommes dotés d'un pouvoir surnaturel qui nous permet d'être autoritaires devant le diable et les démons sous toutes leurs formes ; mais ce pouvoir doit être mis en pratique au moment importun et pas dans le souci de nuire à son prochain. Voilà pourquoi il faut être mature avant d'utiliser la parole de Dieu

Luc 9 :54 « Les disciples Jacques et Jean, voyant cela, dirent : seigneur, veux-tu que nous commandions que le feu descende du ciel et les consume ? 55 ; Jésus se tourna vers eux, et les réprimanda, disant : vous ne savez de quel esprit vous êtes animés. 56. Car le Fils de l'homme est venu, non pour perdre les âmes mais pour les sauver ».

Nous devons notés que le diable existe et il vit sur la terre ; sa mission principale c'est de s'opposer à tout enfant de Dieu afin de lui empêcher de faire la volonté de Dieu. Il est là constamment autour avec la soif de nous faire du mal. ***« Soyez sobre, veillez. Votre adversaire, le diable, rôde comme un lion rugissant, cherchant qui il dévorera ». 1 Pierre 5 :8***

Le diable est là, mais à cause de la protection que nous avons de Dieu, il ne peut rien contre nous car nous sommes cachés en Jésus et que Jésus est caché dans le père. **Jean 14 :20.** Connaissant cela, il multiplie ses stratégies afin de nous sortir de la présence de Dieu pour qu'il nous dévore.

Certes que tout ce que Dieu ferme dans sa main personne ne peut l'ouvrir, mais le péché a ce pouvoir.

« Seul le péché ouvre la main de Dieu et fait glisser l'homme à la merci du diable. » Well Mpoyi

Autrement, celui qui vit dans la sanctification n'a pas peur du diable car il sait qu'il est caché en Jésus ; par conséquent, il est libre d'effectuer sa mission sans qu'il n'ait à s'occuper du diable. Jésus savait que Juda était possédé du diable mais en aucun jour Jésus s'est préoccupé à le chasser car il savait qu'il ne pouvait rien contre lui avant le temps.

Aujourd'hui les chrétiens ont fait de la prière d'autorité sur les démons une coutume dans leur quotidien de sorte qu'ils prévoient chassés les démons à chaque fois qu'ils prient. En réalité, cette attitude révèle seulement un manque de connaissance et de foi en la protection qu'ils ont en Jésus. Le diable et les démons vivent sur la terre et ils sont libres de se promener pour faire leur travail ; ils viennent partout où sont les enfants de Dieu ; ils nous observent avec la soif de nous dévorer mais ils ne peuvent rien contre nous car nous sommes protégés en Jésus.

Il est donc logique de les ignorés sauf dans des cas particuliers. Le diable est comme un chien méchant assis devant sa maison et nous sommes comme des passagers ; si nous nous mettons à le chasser alors qu'il n'a rien fait, ça lui prouve que nous avons peur de lui et il va réagir car il se sent en danger. Il puise donc sa férocité dans notre peur. À chaque fois que nous nous mettons à chasser les démons, nous les provoquons davantage et nous perpétuons ce combat.

Nous savons que les démons sont là et qu'ils œuvrent tous les jours mais au lieu de les chasser, cultivons la manie d'intensifier la présence de Dieu autour de nous. ***Genèse 1 : 2-3 « la terre était informe et vide : il y avait des ténèbres à la surface de l'abime, et l'esprit de Dieu se mouvait sur les eaux. 3. Dieu dit : Que la lumière soit et la lumière fut ».***

Dieu avait constaté qu'il y avait les ténèbres c'est-à-dire le diable mais au lieu de le chasser, Il l'a ignoré. Il a préféré appeler la lumière car il savait que la présence de La lumière est d'office, l'absence des ténèbres.

Depuis toujours, Dieu refuse que nous puissions nous familiariser à tout ce qui est négatif. Il nous parle de ça pour que nous sachions que ça existe mais aussi pour que nous fassions nous même le choix de les ignorés car ce sont des interdits. Eve était face à deux arbres au milieu du jardin d'Eden mais il a préféré contempler celui qui était interdit. L'arbre de la connaissance du bien et du mal c'est le diable et l'arbre de la vie c'est Jésus. L'arbre de la connaissance du bien et du mal représente tout ce qui est négatif alors que l'arbre de vie représente tout ce qui est positif.

Au lieu de se concentrer sur Jésus c'est-à-dire le positif, elle a jeté son dévolu sur le diable c'est-à-dire le négatif ; par conséquent, le diable a dominé sur elle. Le même piège continu à captiver bon nombre de chrétiens car nos églises nous parlent aujourd'hui plus des ténèbres que de La lumière. Nous avons plus consciences des démons plutôt que des anges ; de l'échec au lieu de la réussite ; de la maladie au lieu de la bonne santé ; de la pauvreté au lieu de la richesse tout simplement parce qu'on nous a inculqué la mentalité du combat au lieu de la liberté ; de l'effort humain au lieu de la grâce divine.

En Jésus, nous demandons tout ce que nous voulons mais on ne combat pas pour chasser ce que l'on ne veut pas. Il est donc temps que les chrétiens oublient tous les vocabulaires négatifs au profil des positifs. Au lieu de chasser les démons dans nos cultes, demandons la présence de Dieu ; au lieu de chasser l'esprit de chômage et de célibat soit disant, demandons ou confessons le travail et le mariage. Ignorons un peu tout ce qui nous dérange tant.

Qu'est ce qui se passe lorsque nous chassons de mauvaises choses au lieu d'appeler de bonnes ? Il a été prouvé scientifiquement que l'homme est le reflet de ses pensées et que, ce qu'il redoute, est ce qu'il vit le plus ; par conséquent, s'il pense à combattre la maladie, ça prouve qu'il en a peur et donc dans sa pensée, c'est l'image de la maladie qui domine. En voulant la chasser c'est donc à un combat éternel qu'il se livre.

Depuis que les médecins existent, combien des maladies ont-elles disparues de la surface de la terre? Les gens meurent de la même maladie tous les jours malgré qu'il existe des remèdes. Est-ce que les remèdes guérissent-ils ? Si oui, pourquoi certains meurent et d'autres guérissent de la même maladie alors qu'ils ont suivi le même traitement par le même médecin ?

En réalité, le remède ne guérit pas seul mais elle guérit lorsqu'il est accompagné par la foi que le malade y met ou mieux, l'attitude positive du malade. Le malade accepte de se voir guérit, c'est alors qu'il donne la puissance au remède. De même, le diable ne donne pas de l'argent mais c'est la foi et l'état d'esprit qu'on adopte qui attire de l'argent vers ses adeptes, mais en échange de la paix de l'âme car le diable inspire toujours les mauvaises voies. Seul Dieu qui par notre état d'esprit, nous permet d'avoir tout ce que nous voulons mais avec la paix de l'âme.

Philippiens 4 :8 « Au reste, frères, que tout ce qui est vrai, tout ce qui est honorable, tout ce qui est juste, tout ce qui est pur, tout ce qui est aimable, tout ce qui mérite l'approbation, ce qui est vertueux et digne de louange, soit l'objet de vos pensées ».

L'apôtre sous l'inspiration divine nous exhorte de ne choisir que les pensées positives et seines parce qu'elles sont les seules qui nous permettent de vivre dans une facilité et dans une liberté totale car elles proviennent de Dieu. Les scientifiques ont démontré qu'avant de recevoir quelque chose il faut d'abord le visualiser dans son esprit puis adopter un état d'esprit qui attire cette chose vers soi.

« Les Scientifiques n'ont rien inventés, ils ne font que démontrer ce que la bible dit depuis le siècle » Pasteur Ivan Castanou

Josué 6 :2 « Vois, je livre entre tes mains Jéricho et son roi, ses vaillants soldats ». Dieu demande à Josué de visualiser dans son esprit la victoire devant Jéricho avant de la recevoir. Les pensées de Josué étaient simplement remplies de scène de victoire, laissant ainsi la place à la force angélique de faire tomber la muraille pendant que lui et sa troupe en faisaient le tour en chantant.

Il est aussi demandé à tout enfant de Dieu se retrouvant dans un cas d'improductivité quelconque de se visualiser déjà en possession de ce qu'il désire avant de le voir se réaliser. ***Esaïe 54 :1-3 « Réjouis-toi, stérile, toi qui n'enfantes plus ! Fais éclater ton allégresse et ta joie, toi qui n'as plus de douleur ! Car les fils de la délaissée seront plus nombreux que le fils de celle qui est mariée, dit l'Eternel, 2. Elargis l'espace de ta tente ; qu'on déploie sur toi les couvertures de ta demeure : ne retiens pas ! Allonge tes cordages, et affermis tes pieux ! 3. Car tu te rependras à gauche et à droite : ta postérité envahira des nations, peuplera des villes désertes. »***

Jésus sur la terre a mené le combat contre le péché qui a engendré trois fléaux majeurs à savoir : la maladie, la pauvreté et l'emprisonnement. Il a vaincu toutes ces choses car il n'a jamais été malade, il nous a rendu riche par son appauvrissement, et il nous a rendu libre de toutes sortes d'oppressions à cause de la vérité qu'il nous a annoncée. Nous ne combattons plus pour vaincre ces choses mais nous jouissons de sa victoire. Il faut donc que nos pensées soient tournées vers lui et non vers les réalités.

Cependant, le diable et les démons doivent être chassés lorsqu'ils sont attrapés en flagrant délit de destruction. On ne les chasse pas par préventions car c'est leur donner une place qu'ils n'ont pas. ***Matthieu 16 :23 « Mais Jésus, se retournant, dit à Pierre : Arrière de moi Satan ! Tu m'es en scandale ; car tes pensées ne sont pas de Dieu, mais celles des hommes »***

Jésus parlait aisément avec Pierre jusqu'à ce qu'il remarquât que le diable était venu par lui afin de bouleverser le plan de Dieu ; c'est alors qu'il le chassa. À chaque fois que Jésus chassait les démons, il remarquait au préalable, la destruction que ces derniers causaient dans la vie des possédés. Les démons qui doivent être chasées, ce sont ceux qui rendent l'homme inconscient c'est-à-dire ceux qui enlèvent l'autonomie de la décision à l'homme. Par exemple un fou, un détraqué mental. Bref, quelqu'un qui n'a plus son esprit en place.

Quant au reste, certes qu'on peut être possédé par des démons d'impudicités, de mensonge, de sorcellerie etc. mais la délivrance de ce genre de possédés est entre leurs propres mains parce qu'ils ont leur esprit en place et ils peuvent décider d'abandonner ces choses en donnant volontairement leur vie à Jésus car les démons vivent en eux parce qu'ils les nourrissent de ce qu'ils aiment.

Si par exemple tu veux être libérer d'un démon d'impudicité, tu dois d'abord détester l'impudicité ensuite, arrêter simplement de fréquenter les amis et les endroits impudiques, arrêter d'entretenir des causeries sordides, de regarder des images morbides et livre-toi à Jésus en fréquentant les assemblées, et en méditant la parole de Dieu. En force de le faire, tu recevras la force de Jésus de te maintenir dans la sanctification ; et puisque les démons vont se sentir mal nourries, ils vont te laisser libre.

Il est sans contredit qu'une personne en prison doit se faire aider par quelqu'un de l'extérieur c'est-à-dire celui qui est libre mais le concerné doit avoir la volonté de tout abandonner une bonne fois pour toute. C'est ainsi qu'on peut prier pour certaines personnes afin qu'ils soient libre de toutes chaines. Une délivrance sans consentement du délivré et sans enseignement de la sanctification est une peine perdue car il y a risque que l'individu se vautre à nouveau dans le péché.

« Le diable est un chien qui aboie avec l'intention de fuir ; ne soyez pas intimidés par ses grimasses ; il fuit quand vous ramasser la pierre pour le lapider ». Well Mpoyi

Devant un démon, une seule parole suffit pour qu'il s'en aille. Il est inconcevable de voir aujourd'hui les intercesseurs passer des heures et des heures à chasser des démons dans le corps d'un individu. C'est simplement l'incrédulité et un manque de la vraie consécration c'est pourquoi les démons se jouent d'eux car ils se plaisent de les voir transpirer. Jésus ne prenait pas assez de temps pour délivrer quelqu'un ; d'ailleurs les démons se prédisposaient déjà à partir quand ils le voyaient. Si les chrétiens prennent conscience de la vraie vie chrétienne, nous ferons de grandes choses avec moins d'efforts possibles.

3°. Le vent soufflé par la nature

La nature a aussi une sorte de vent qu'elle souffle dans la vie d'un homme. Ce vent se manifeste suite à une violation des lois établis par Dieu. Face à ce vent, il faut réagir en respectant la loi de la nature.

Plusieurs personnes font face à la punition de la nature et tentent de résoudre ces problèmes par la prière mais ne prêtant pas attention aux règles du jeu.

« La vie n'est pas une bataille, mais un jeu. Cependant, on peut gagner si l'on possède la connaissance de la loi ». Florance Scovel shinn

La loi de la nature reste intacte et tout humain, chrétiens tout comme païens y sont soumis. Sans distinction, la nature répond à tout celui qui respecte son mode de fonctionnement. Face à un vent, une personne perspicace cherche d'abord sa source au lieu d'aller directement importuner Dieu. Notons qu'il n'est pas mal d'aller vers Dieu dans ce cas-ci car Dieu va se charger simplement de nous révéler ce qui ne va pas afin que nous trouvions la solution par les règles du jeu de la vie.

Celui qui connait les règles du jeu de la vie, il les respecte sans faire d'histoires. Sans le respect des règles établies par Dieu lui-même, il est possible de périr mais tout en étant chrétien car il est écrit que mon peuple périt faute de connaissance. **Osée 3 :6.**

Chercher à connaitre les règles du jeu de la vie, c'est en fait rechercher la sagesse et l'intelligence car il est écrit que nous devons rechercher la sagesse et l'intelligence comme si on recherchait l'argent et comme si on poursuivait de l'or. ***Proverbes 2 :4***. La sagesse et l'intelligence sont les protecteurs de l'homme contre les pièges du jeu de la vie. Elles conduisent l'homme à une alimentation équilibrée, à des exercices physiques réguliers, à des temps de sommeil suffisants, au respect de la loi de la semence, à la propreté, à la discipline, à l'ordre, etc. Le non-respect de ces choses fondamentales est donc la cause principale du désastre des chrétiens.

La maladie est aujourd'hui un grand fléau qui ravage de nombreux chrétiens alors que Christ notre maitre a vécu sur terre en la combattant jour pour jour sans que lui-même n'en soit victime. Les chrétiens deviennent des victimes de tout ce que Jésus a combattu chez les autres. Ils meurent prématurément, ils sont possédés par des démons, souffrent des mêmes maux que les païens, bref, il n'y a presque plus des différences entre les chrétiens et les païens et d'ailleurs même, la plupart de païens vivent mieux qu'eux.

À l'ère actuelle, peu de chrétiens suivent leur alimentation de près, surtout dans les pays sous-développés où la pauvreté sévit encore. Peu sont ceux qui prennent régulièrement les fruits et légumes par jour, rare sont les chrétiens qui se donnent aux exercices physiques réguliers ; de plus en plus, on retrouve des chrétiens qui ne savent pas semer le grain du bonheur chez autrui, qui ne persévèrent pas dans la recherche du bonheur, qui ne savent pas entretenir de bonnes relations, qui ne savent pas frapper à des portes… et pourtant les païens le font bien.

Est-ce la faute de Dieu ? Loin de là ! Ce sont les chrétiens qui ne comprennent pas bien les écritures.

Malgré la bonne volonté de jouir de la vie, le non-respect des règles de la nature nous sanctionne directement. Dieu nous appelle tous à la maturité ; il veut que nous jouissions pleinement de la vie par conséquent nous devons nous conformer à la loi qu'il a établie.

Dieu est le coach personnel dans tout le domaine de la vie d'un chrétien, et surtout à propos du corps physique car il sait que si ce dernier n'est pas en bonne et due forme, on ne saurait le servir. Le Saint-Esprit est l'inspecteur en chef qui nous ausculte tous les jours. Il détecte ce qui ne va pas en nous et il nous enseigne comment s'en débarrasser.

Témoignage personnel : ce fut un moment de ma vie où j'ai beaucoup lutté contre la mauvaise haleine au point où je ne manquais pas des bons-bons sur moi. J'avais tout le temps ma bouche sèche et je n'arrivais pas à parler en face à mes amis de l'université. Ce complexe d'infériorité me rendait solitaire et répugnant. J'ai vu les pharmaciens qui m'ont proposés divers produits en liquide mais sans succès ; d'autres me disaient que c'était le symptôme du diabète, et ça me faisait peur. Triste de mon sort, j'ai enfin décidé de me tourner vers Dieu pour qu'il me guérît car je n'en pouvais plus. À ma grande surprise, il m'a recommandé des choses simples mais capitales afin de me révéler mon ignorance. Il m'a dit de commencer à brosser mes dents régulièrement deux fois la journée ; le matin à mon réveil et la nuit avant mon sommeil ; il m'a recommandé de ne jamais brosser sans dentifrice mais aussi de changer ma brosse à dent chaque après trois semaines, chose que je ne faisais jamais avant.

Vous voyez, cette infection ne provenait de nulle part ailleurs que de la violation de la loi de l'hygiène.

C'est le cas de plusieurs chrétiens. Lorsque vous ne prenez pas soin de ranger vos tas de vêtements, d'assainir votre environnement, vous pensez que vous serez épargnés de la malaria ? Lorsque vous entretenez chaque fois la colère, l'amertume et la rancune vous pensez que vous serez épargnés de l'arthrite, de la cirrhose de foie ou du rhumatisme? Lorsque vous vous souciez chaque fois de votre vie ou soit de la vie de vos proches, vous pensez que vous échapperez à l'AVC ou à d'autres crises du genre ? Lorsque vous ne veillez pas à votre alimentation, à des exercices physiques réguliers, vous pensez être en forme tout le temps et vivre longtemps ? Lorsque vous ne prenez pas soin d'avoir suffisamment du repos, d'avoir le temps de méditation du silence, vous pensez avoir de l'énergie créatrice ? Lorsque vous ne prenez pas le soin d'apprendre vos leçons, de joindre l'utile à l'agréable, vous pensez être intelligent et être élevé dans la société ? Loin de là !

Sans le respect de ces règles, vous pouvez prier de n'importe quelle manière, vous vivrez les mêmes choses. Si vous lisez bien la bible, vous allez constater qu'il y a tout ceci à l'intérieur et Dieu veuille à son respect.

Cependant, Dieu dans sa miséricorde, peut toutefois guérir un homme des différents maux mais pour conserver cette guérison, il recommande toujours à cette personne le respect de la loi.

Jean 5 :14 « Depuis, Jésus le trouva dans le temple, et lui dit : voici tu as été guéri ; ne pèche plus de peur qu'il ne t'arrive quelque chose de pire ». Le péché ici, c'est la transgression de la loi tout simplement. Celui qui veille au respect total de la parole de Dieu, ne souffrira jamais des maux de ce monde à moins que Dieu le mette en épreuve pour un but particulier comme c'est arrivé avec l'apôtre Paul dans 2 Corinthiens 12 :7 « Et pour que je ne sois pas enflé d'orgueil, à cause de l'excellence de ces révélations, il m'a été mis une écharde dans la chair, un ange de Satan pour me souffleter et m'empêcher de m'enorgueillir ».

Il est impossible d'échapper aux imprécations si on vit selon les pensées mensongères. Par exemple dans ma famille, le constat est tel que la plupart des enfants se retrouvent avec des bébés avant le mariage et cela avec différents partenaires. Ce mode de vie ne fait que perpétrer la polygamie dans la famille. En tant que bon chrétien, je ne peux échapper à ce vent que si je me disciplinais vis-à-vis des femmes au cas contraire, quel que soit mon profond désir de ne pas être polygame, si je me mets à fréquenter les filles sans avoir des limites, je finirai par l'être.

En réalité, le sort ou le mauvais lien n'a d'effets que sur les transgresseurs de la loi tout comme le lien de bonheur ne s'attache qu'à ceux qui respectent la loi. C'est l'homme lui-même qui se lie en commettant soit de bons soit de mauvais actes. C'est ainsi qu'il est impossible à l'homme de s'enrichir s'il ne respecte pas la loi de la semence.

« Vous devenez certain d'être sage lorsque vous arrivez à capter les messages que Dieu vous envoie au travers de la nature ». well Mpoyi

1 Corinthiens 11 :14 « la nature elle-même ne vous enseigne-t-elle pas… »

CHAPITRE IV. AUTRES FORMES DE PRIÈRE

Nous avons vu ci-haut comment répondre face aux différents vents qui nous sont soufflés. Il est donc important de comprendre que l'homme fait sa prière de plusieurs manières car il s'agit pour lui de s'exprimer. Nous distinguons ainsi :

1. Les déclarations

La déclaration est la première forme de prière la plus connue. C'est le fait de parler audiblement car Jésus disait : **« Lorsque vous priez, dites : … »** ***Luc 11 :2.*** Cette forme de prière nécessite le courage qui n'est rien d'autre que l'audace de pouvoir parler face à quelque chose. C'est en parlant de sa bouche que l'homme arrive à se faire comprendre.

De la même manière que Dieu à d'oreilles, Satan et la nature en ont aussi. Il convient donc de leur parler car ils écoutent. Prier à haute voix permet de réveiller notre âme et de résoudre spontanément une situation qui pourrait nous nuire plus tard.

Cette manière de prier permet de refuser ou d'affirmer des choses au moment de fait. Lorsque vous êtes par exemple face à un docteur qui vous déclare stérile suite à une complication quelconque, vous êtes dans l'obligation de refuser cela immédiatement en se référant à la parole de Dieu y correspondant. Comme il vous a parlé audiblement, vous aussi répondez-lui audiblement car vous influencerez en ce moment même, votre état d'esprit.

Ne commettez pas l'erreur de ne rien dire et d'aller prier à la maison car vous vous affaiblirez et cela demandera beaucoup d'efforts pour que vous changiez votre état d'esprit. En refusant la chose sur place, vous vous faites entendre par Dieu, par les hommes, par la nature et même par le diable. Ce n'est qu'après avoir déclaré ainsi que vous devez ensuite continuer à confesser cette parole jusqu'à ce que cela soit marqué en feu-rouge dans votre cœur.

Cette forme de prière requiert une connaissance nécessaire de la parole de Dieu car il nous convient de déclarer ce que nous savons et non ce que nous sentons. Avec un seul extrait de la bible, vous pouvez faire de très grandes choses ; tout dépend de vous.

De même, quelqu'un peut aussi faire des déclarations sur quelqu'un d'autres et cela aura de l'impact surtout lorsque la personne les accepte consciemment ou inconsciemment.

Étant enfant de Dieu, nous devons avoir la manie de nous déclarer de bonnes choses les uns vis-à-vis des autres afin de ne pas permettre au malin de nous avoir dans son jeu. La déclaration influence le subconscient de celui qui l'entend. Une personne qui n'a entendu que de bonnes paroles sur elle, elle ne va que se représenter de bonnes choses en elle. Il est conseillé aux parents de commencer à dire de bonnes choses sur leurs enfants dès le bas-âges. Apprenez à diriger les attitudes de vos enfants au moment importun car si vous ne le faites pas, quelqu'un d'autres le fera de la manière que vous n'allez peut-être pas aimer.

Déclarez sur eux ce que Dieu a dit dans la bible. Saturez-les des paroles positives afin qu'ils aient confiance en eux-mêmes car aujourd'hui, le manque de confiance en soi est la cause majeur de l'échec des humains dans la société. Influencez leur foi en leur disant que tout est possible. Dites-leur qu'ils sont beau ou belle, qu'ils sont intelligents et qu'ils sont appelés à réussir.

Chers serviteur de Dieu, apprenez à influencer le subconscient de vos fidèles afin de le canaliser sur le bon chemin. Certaines délivrances ne sont que question de changer la psychologie du concerné parce que les hommes accablent le sort à partir des choses qu'ils remarquent autour d'eux et cela ne peut être résolu qu'en adoptant un autre état d'esprit.

Quelqu'un peut croire être lié à un esprit de chômage parce qu'il a vu ses ascendants manquer du travail après leurs études ; dans ce cas, les hommes de Dieu doivent leur dire qu'eux ne sont pas concernés par ça et qu'ils ne dépendent pas des circonstances du monde mais du ciel. Peut-être qu'ils sont tout simplement appelés à créer des entreprises au lieu de chercher du travail.

Il nous est impérativement demandé de nous entourer que de bonnes personnes et de laisser nos oreilles n'entendre que de bonnes choses et de discipliner nos yeux car nous sommes incessamment influencés par ce que l'on entend et ce que l'on voit. La bible appelle l'œil la lampe du corps car elle reconnait que notre manière de nous voir est influencée par ce que l'on voit et nous croyons en ce que l'on nous dit. En écoutant de bonnes et puissantes paroles, l'homme se reprogramme car l'homme ne reproduit que ce qu'il a encaissé.

Une donnée inexacte ne produit qu'un résultat erroné ; une personne remplie de la parole de Dieu est imperturbable devant les portes de séjours de mort notamment les critiques, la peur, l'échec, la maladie, le doute et consorts ... Lorsque vous vous réveillez le matin, structurez votre journée par des déclarations puissantes. Dites ce que vous voulez voir, soyez autoritaire. ***Matthieu 16 :19 dit : « Je te donnerai les clefs du royaume des cieux : ce que tu lieras sur la terre sera lié dans les cieux, et***

ce que tu délieras sur la terre sera délié dans les cieux ». Tout fils de Dieu est doté du pouvoir de bloquer ce qui ne lui plait pas et d'ouvrir ce qui lui plait.

Bénissez les journées de vos proches, prophétisez de bonnes choses pour vos journées ; vous détruirez ainsi par vos paroles le mensonge que vous constatez en vous ou autour de vous.

Retenez donc que si vous ne prenez pas le soin de faire des déclarations puissantes de la parole de Dieu sur votre vie tous les jours, vous subirez les déclarations de quelqu'un d'autre car ne pas déclarer est synonyme du sommeil et de la distraction. Pendant que vous dormez, votre ennemi sème de l'ivraie dans le champ de votre vie. ***Matthieu 13 :25 « Mais pendant que les gens dormaient, son ennemi vint, sema de l'ivraie parmi le blé, et s'en alla »***. L'ivraie ce sont des imprécations et le diable par ses adeptes, les fait tous les jours. Ce n'est pas en vain que Jésus se levait très tôt le matin pour prier car il savait qu'il devrait posséder ses journées. ***Marc 1 :35***

Soyez des chrétiens avec la manie de vous lever toujours avant tout le monde afin de construire vos journées mais aussi celle de vos proches par des paroles puissantes de la bible.

La vie est un combat que nous livrons chaque jour face aux ennemis qui sont en nous et devant nous ; il nous faut donc avoir des armes appropriées et savoir les utiliser. Lorsque David fit face à Goliath, il utilisa les armes qui lui allées le mieux et refusa ce que Saül lui proposa. Avec sa fronde, il se servit des pierres qu'il ramassât dans le torrent et qu'il mit dans sa gibecière.

Spirituellement, les armes de Saül sont en fait l'ensemble des stratégies humaines avec lesquelles les non-intimes de Dieu se servent pour déjouer le guet-apens du diable or on ne combat pas la spiritualité avec la chair c'est-à -dire les raisonnements corrompus par le mensonge raison pour laquelle ils avaient tous échoués dans ce combat. Ces stratégies ne marchent pas à cause de la limitation, de la peur et du doute qui l'accompagnent.

Comprenant cela, David a fait recourt à la bonne vieille méthode qui lui était toujours favorable notamment, celle de puiser les paroles dans la parole de Dieu. Les pierres qu'il avait ramassées symbolisaient les extraits de la parole de Dieu et le torrent symbolisait la bible ; la gibecière son cœur et la fronde sa bouche.

Vous allez constater qu'en venant au front, David avait déjà une attitude de vainqueur car il s'entrainait avec Dieu dans le secret; il avait déjà des paroles pour affaiblir son ennemi.

Dès le départ, Dieu avait donné à l'homme le pouvoir de nommer tout ce qui était devant lui. Genèse 2 : 19 « l'Éternel Dieu forma de la terre tous les animaux de champs et tous les oiseaux du ciel, et il les fit venir vers l'homme, pour voir comment il les appellerait, et afin que tout être vivant porte le nom que lui donnerait l'homme ».

Ce texte nous explique que Dieu avait donné à Adam, la responsabilité de nommer chaque chose selon qu'il la voyait. C'est ce que David a fait ; alors que tous les habitants d'Israël appelaient ce géant : Goliath, ce qui signifie en hébreux celui qui nous humilie, David l'a appelait incirconcis.

Lorsque vous êtes face à un malaise, vous avez le choix de le déclarer soit maladie, soit fatigue ; soit aussi vous pouvez déclarer que vous êtes en bonne santé et que tout va bien. Face à la disette, vous pouvez soit déclarer que vous êtes riche en devenir et que vous n'avez pas encore d'argent, soit vous pouvez déclarer que vous êtes pauvre. Devant l'échec, vous pouvez soit l'accepter ainsi, soit le déclarer ou le baptiser étape vers le succès ou bien succès tout court. Votre attitude devant les situations, détermine votre aptitude à les surmonter. Donnez donc à vos situations des noms qui vont faciliter leurs résolutions ; ne les acceptées pas comme elles se présentent.

Lorsque vous faites ainsi, vous impressionnez votre subconscient et elle va vous diriger dans le réservoir de bonnes solutions c'est-à-dire dans la bible et grâce au Saint-Esprit, vous allez puiser les paroles appropriés pour enfin faire tomber le Goliath qui est devant vous. Il nous est donc impérativement conseillé d'avoir toujours nos regards fixés vers la bible et d'avoir à cœur les paroles qui y sont écrites.

Quand vous vous referez tout le temps à la parole de Dieu et que vous la déclarer, vous aurez toujours un état d'esprit qui favorisera l'accomplissement de cette parole au moment propice. C'est ce qu'explique le ***Psaume 1 : 3 « il est comme un arbre planté près d'un courant d'eau, qui donne son fruit en sa saison, et dont le feuillage ne se flétrit point… »***

Notons que devant Dieu, devant les hommes, devant le diable et devant les situations, il faut toujours apporter des paroles car tous ont d'oreilles pour entendre et que tout a été créé par la parole. ***Osée 14 :2 « Apportez avec vous des paroles, … »***

2. L'intercession

L'intercession se comprend comme étant le fait de plaider devant Dieu, la cause de quelqu'un d'autre. C'est le fait de s'oublier soi-même et de présenter quelqu'un d'autre devant Dieu.

De par la mission de chaque chrétien, Dieu nous demande de prier les uns pour les autres comme signe d'amour ; mais influencé par le diable, l'homme se livre en quête de son propre bien-être, devenant ainsi au jour le jour égoïste ; oubliant ainsi sa vraie identité et sa vraie mission. L'homme aujourd'hui ne porte plus à cœur sans intérêt, son prochain. Devant Dieu, l'homme a très souvent tendance à se représenter lui-même car il a sans cesse des besoins non satisfaits (les choses secondaires)

C'est aussi à cause de la violation de la loi d'intercession que l'homme voit ses nombreuses prières être non-exaucées. Ce n'est pas en vain que Dieu nous la demande ; c'est parce qu'en réalité, il y a une puissance dans cet acte. Le diable combat toujours l'intercession parce qu'il est sans amour. Pour entourlouper certaines personnes, il les laisse intercéder mais sans amour, rendant ainsi leurs prières inefficaces ; c'est pourquoi nombre de groupes d'intercession ne dégagent plus la puissance de Dieu. Rappelons-nous de ce qu'on s'est dit un peu plus haut, que Dieu ne coopère pas avec tout le monde et que, se rapprocher de lui requiert le respect des conditions divines. Dieu est en relation directe avec ses amis ; des personnes qui l'aiment vraiment. Il est très exigent dans cette amitié parce ce que c'est une histoire d'amour.

Plus on grandit en Dieu, plus on découvre ses exigences. Grandir en Dieu, c'est se diriger vers la dimension de l'amour incassable.

La relation entre l'homme et Dieu connait beaucoup d'étapes et chacune d'elles a des exigences mais aussi un accès particulier. C'est un peu comme les trois parties du tabernacle des israélites ; il y avait le parvis, le lieu saint et le lieu très saint. Tout le monde peut trainer dans le parvis, peu entre dans le lieu saint et très peu dans le lieu très saint. Le cœur de Dieu se trouve dans le lieu très saint et très peu sont ceux qui le rencontrent.

Ce lieu est le dernier carré de l'intimité et il exige que l'homme soit intime à Dieu ; il exige que l'homme soit très amoureux comme face à son épouse. Être intime et amoureux signifie garder les commandements de Dieu ; ça signifie observer la parole de Dieu comme on observe un miroir jusqu'à voir notre propre reflet dans cette parole.

C'est devant une telle personne que Dieu ne refuse rien du tout. Jésus dit dans jean 15 :7: « si vous demeurez en moi, et que mes paroles demeurent en vous, demandez tout ce que vous voudrez et cela vous sera accordé ». En parlant ainsi, Jésus était en train de donner le secret de l'exaucement mais qui malheureusement n'est pas pris en compte par la plupart des chrétiens.

Un peu plus tôt, dans le chapitre 14 de la même épitre, dans son verset 21, il dit : « celui qui a mes commandements et qui les garde, c'est celui qui m'aime et celui qui m'aime sera aimé de mon père, je l'aimerai et je me ferai connaitre à lui ». Jésus dit que ce sont ses commandements que nous devons exécuter et, les exécuter c'est un signe d'amour. En faisant ainsi, ces paroles nous seront favorables et accompliront en nous tous ce dont elles parlent.

« Plus nous gardons la parole de Dieu, plus Dieu se fait connaitre à nous parce que nous nous rapprochons du lieu très saint». Well Mpoyi

Puisqu'intercéder c'est plaider la cause de quelqu'un d'autre devant Dieu, un intercesseur doit être un intime de Dieu. C'est quelqu'un qui est capable d'affaiblir le cœur de Dieu ; c'est un sacrificateur ; c'est quelqu'un qui est capable d'influencer les décisions de Dieu parce qu'il est son bien-aimé.

Un intercesseur peut influencer la décision de Dieu de plusieurs manières : ça peut être juste par sa présence dans un lieu ou juste par son regard de compassion envers quelqu'un, etc.

« Il (Dieu) délivrera même le coupable qui devra son salut par la pureté de tes mains » Job 22 : 30. À cause de la simple présence d'un intime de Dieu dans un lieu, Dieu est prêt à agir en bien.

Être intime à Dieu ne se révèle pas par le simple fait de fréquenter une église mais dans la qualité de notre vie en dehors de l'église.

Nous allons dans des assemblées pour nous fortifier mutuellement, pour être transformés par la parole que nous écoutons et par l'onction corporative qui découle de la présence de Dieu. Mais il est triste de savoir que plusieurs y vont et ne sont pas transformés non pas parce que la parole est impuissante, ni parce que les prédicateurs sont anodins mais parce qu'ils ne veulent pas eux même être changé par Dieu. Toute personne désirant vraiment aimer Dieu, Dieu le conduira lui-même dans une église qu'il faut pour sa croissance spirituelle.

Les intercesseurs sont très nécessaires dans la vie de tous les jours car ils sont ceux qui portent les fardeaux des autres ; ils sont des personnes désintéressées et remplies d'altruisme. Les besoins des autres passent avant les leurs ; Ils sont comme une femme mariée à un homme riche et influant ; elle connait qu'elle a d'office tout ce dont elle a besoin et donc, elle plaide incessamment d'une manière ou d'une autre la cause des autres devant son mari.

L'intercession est l'affaire de tout chrétien car Jésus ne faisait que plaider la cause des autres sur terre et c'est ce qu'il fait jusqu'à présent auprès de son père (Dieu). Le bien-être collectif est atteint que lorsque chacun cherche à améliorer la vie de l'autre. En améliorant la vie des autres, nous améliorons la nôtre directement. C'est cela la vie d'amour dans laquelle Dieu nous attend.

Mû par l'amour, l'intercesseur marche toujours dans l'intégrité car il sait que par lui, les hommes peuvent être maudis ou bénis. La force de l'intercession n'est pas dans le nombre des personnes d'abord mais dans la qualité de vie de chaque personne. Il y a certaines choses qui nous arrivent, non pas à cause de nos prières mais à causes de la qualité de vie d'un intime de Dieu qui est à nos côtés ; ceci pour dire que les raisons pour lesquelles nos prières sont exaucées sont souvent inconnues des chrétiens. La bible dit que Dieu connait nos besoins avant que nous le lui exprimions. **Matthieu 6 :8** ; ceci pour dire que ce n'est pas nos paroles qui comptent en premier mais c'est notre attitude, notre motivation et par-dessus tout, notre relation avec Dieu.

L'intercession est le moyen par lequel l'homme attire vers lui les choses qu'il souhaite aux autres. Intercéder implique entretenir des pensées seines vis-à-vis de l'autre. La bible nous recommande de faire aux autres ce qu'on aimerait qu'on nous fasse ; donc en cherchant constamment le bien-être de notre prochain, Dieu se charge de nous rendre la pareille par le canal d'une tierce personne.

Tout celui qui sème le grain du bonheur dans la vie de son prochain finira par récolter le bonheur dans sa propre vie. Souhaiter le bonheur dans la vie d'un homme nécessite un cœur pur et des pensées positives or, celui qui a ces deux choses, il a l'état d'esprit qui permet à Dieu de lui donner ce que son cœur désire sans qu'il n'ait besoin de le demander.

Dans une assemblée par exemple, l'état d'esprit d'un seul fidèle éclipsé dans la foule peut faire couler à flot la gloire de Dieu. Si une seule personne peut autant influencer des événements, alors deux ou plus ? Ça sera encore plus fort car l'union fait la force. ***Mathieu 18 :19 « je vous le dis encore, si deux d'entre vous s'accordent sur terre pour demander une chose quelconque, elle leur sera accordée par mon père qui est dans les cieux ».***

Il faut que chacun de nous reconnaisse l'état de sa relation avec Dieu avant de lui adresser des prières si on veut vraiment être certain d'être exaucé. Devant Dieu, il n'est pas question d'audace mais d'intimité car celle-ci nous donne la certitude d'être exaucé. Plusieurs se rapprochent de Dieu sans tenir compte des exigences des écritures pensant que Dieu, c'est quelqu'un qu'on peut amadouer.

Si vous êtes sincère avec vous-même, et que vous reconnaissez que vous n'êtes pas intime à Dieu, donnez votre requête à quelqu'un qui marche avec Dieu et vous recevrez une réponse qu'il vous faudra c'est-à-dire, pas seulement selon vos attentes mais selon les attentes de Dieu. Il a bien dit qu'il connait ce dont vous avez besoin, et c'est ce qu'il est prêt à vous donner, et non ce que vous demandez d'abord. Le besoin ici, c'est la chose qu'il vous faut. Exemple, vous demandez l'argent alors que vous n'avez pas encore le cœur d'un bienfaiteur. Ce dont vous avez besoin, c'est le cœur d'abord et non l'argent.

Lorsque vous vous sentez loin de Dieu, vous pouvez soumettre vos requêtes à vos enfants, et surtout ceux qui ont encore aux environs de quatre ans et à qui vous avez appris l'existence de Dieu. Leurs prières sont toujours efficaces car généralement, ils sont souvent purs devant Dieu.

Un intercesseur, c'est quelqu'un qui vit encore physiquement ; ce n'est pas quelqu'un qui est mort car la bible dit qu'un mort ne peut pas intercéder en faveur de vivant. **Esaïe 8 :19** ***« si l'on vous dit : consultez ceux évoquent les morts et ceux qui prédisent l'avenir, qui poussent des sifflements et des soupirs, Répondez : un peuple ne consultera-t-il pas son Dieu ? S'adressera-t-il aux morts en faveurs des vivants ? ».*** Il est donc strictement interdit de demander à Marie ou aux saints qui sont morts d'intercéder pour qui que c'est soit car ils sont morts et ne peuvent plus rien pour nous. Quiconque fait ainsi, il est abominable devant Dieu et il ira en enfer au dernier jour, même si ses requêtes semblent être exaucées.

Jésus-Christ est le seul intercesseur valable car il est vivant ; il n'est pas resté au tombeau comme tous les autres. Jésus n'est pas à comparer avec Moise, Elie et Hénoc malgré qu'ils n'aient pas connu la mort ; encore moins avec Mohamad et les autres qui sont morts mais sans revenir à la vie. Jésus est mort mais il est ressuscité et il a reçu le nom au-dessus de tous les noms. Il est la parole que Dieu nous demande d'apporter quand on se rapproche de lui ; donc, quiconque qui prie en se référant à la bible, prie déjà au nom de Jésus.

Même la personne physique qui intercède pour toi, elle n'est pas exaucée à cause d'elle-même, mais à cause de Jésus qui est en elle. À cause de son obéissance à la parole de Dieu, elle devient un avec Jésus et par conséquent, il est agréable devant Dieu.

C'est par de telles personnes que vient le réveil spirituel car tout intercesseur a le fardeau du salut de l'humanité. Nous avons tous la mission de sauver les âmes qui sont perdues. Ces dernières sont nos frères qui sont hors du jardin d'Eden et qui ont été mordus par le serpent ; ce sont des fils prodigues qui ont été piégés par le malin et qui recherchent le chemin du retour ; ce sont des personnes vautrées dans le péché, des personnes aveuglées par de fausses doctrines.

Comme Jésus, nous sommes d'abord des gagneurs d'âmes dans nos familles ensuite dans le monde. C'est dans nos familles respectives que nous sommes formés avant d'affronter le monde. Nous sommes censés commencer à chercher le réveil dans nos familles, avant de le chercher en dehors car il est écrit que : ***« celui qui ne prend pas soin des siens, et principalement ceux de sa famille, il est pire qu'un infidèle et il a renié la foi ». 1Timothée 5:8***

Jésus lui-même a commencé à être le sauveur d'Israël avant d'être du monde entier. Il a demandé aux disciples d'aller prêcher la parole aux extrémités de la terre, mais en commençant par Jérusalem. ***Actes 1 : 7***

L'intercession a principalement deux acteurs : il y a des « Corneilles » et des « Pierres ». Les Corneilles sont des personnes qui se tiennent constamment devant Dieu et qui plaident le salut des âmes tandis que les Pierres sont des personnes que Dieu envoient pour apporter la solution aux problèmes des âmes. Celui qui prie, n'est pas nécessairement celui par qui sera trouvée la solution.

Les deux personnes sont des intimes de Dieu généralement mais Dieu peut aussi passer par un non-intime (un païen) pour nous apporter la solution. Dieu utilise très souvent ses intimes pour apporter une solution par sa parole c'est-à-dire par des prédications puissantes qui emmène le salut tandis qu'il utilise souvent des païens pour nous éprouver en parole ou en actes afin de nous amener à la vraie conversion. Notons que les paroles de Dieu dans la bouche d'un païen n'ont pas les mêmes impacts que celles dans la bouche d'un chrétien.

Corneille est une personne qui marche avec Dieu, elle fait du bien aux hommes, elle a compassion des âmes perdues, elle traite bien ses employés, bref, elle est un bon exemple à suivre. Au-delà de ces qualités, elle prie aussi pour sa famille et elle persévère jusqu'à ce que le réveil leur arrive. Corneille est comme Noé ; par lui, sa famille finie par entrer dans l'Arche. C'est quelqu'un qui se tient à la brèche comme Ezéchiel et qui élève le mur afin de sauver toute une nation ; c'est quelqu'un qui porte dans son cœur comme Aaron, les noms des membres de sa famille et des hommes qu'il veut voir changer.

Corneille c'est quelqu'un de désintéresser de sa richesse et de son rang social, c'est quelqu'un qui est aimé et qui peut facilement réunir tout le monde ; c'est un unificateur, c'est quelqu'un d'humble et qui reconnait la grâce de l'autre. C'est un homme sensible aux directives de Dieu, c'est quelqu'un qui a la main facile pour venir en aide à ceux qui en ont besoins.

Intercéder pour les âmes perdues requiert ce genre de personnes parce que désirer voir la conversion des âmes, c'est demander à Dieu de donner son Esprit-Saint à des personnes méchantes ; c'est demander à Dieu de devenir ami des personnes qui ne l'aiment pas ; et puisque Dieu est très jaloux de son Esprit-Saint, il faut que ses intimes le supplient pour ça. ***Jacques 4 :5 « Croyez-vous que les écritures parlent en vain ? C'est avec jalousie que Dieu chérit l'esprit qu'il a fait habiter en nous*** ».

Intercéder pour le salut des âmes doit être pris de manière très sérieuse parce que le jugement dernier et l'enfer sont très réels ; cela demande des prières d'agonie ; des prières sans relâche jusqu'à ce que Dieu détruise le mensonge dans les cœurs des concernés ; jusqu'à ce que Dieu détourne leurs cœurs du mal.

Au temps de l'église primitive, l'église n'avait pas pris au sérieux l'arrestation de l'apôtre Jacques c'est pourquoi il a été décapité. Elle pensait que ç'allait s'arrêter là mais lorsque Hérode arrêta encore l'apôtre Pierre pour la même finalité, l'église s'était enfin réveillée. ***Actes 12 :5 « Pierre était donc gardé dans la prison ; et l'Eglise ne cessait d'adresser pour lui des prières à Dieu ».***

Un intercesseur doit avoir l'accoutumance de prier soit pour les personnes qu'il connait, soit pour les âmes perdues en générale ; dans tous les deux cas, il y aura salut des âmes selon la volonté de Dieu.

Pendant que corneille prie, Dieu prépare toujours un Pierre quelque part. Pierre c'est l'évangéliste, c'est le missionnaire, c'est l'estafette, c'est la personne à qui Dieu a donné des paroles nécessaires pour répondre aux questions de ceux qui ont besoins des réponses, c'est la personne par qui Dieu passe pour guérir les âmes, c'est la personne à qui Dieu se révèle particulièrement et pour un but précis.

Pierre, c'est aussi un prieur, car sans la prière Dieu ne se révèle pas à lui clairement ; c'est quelqu'un d'une dimension élevée, c'est un amoureux de Dieu, c'est quelqu'un qui cherche Dieu régulièrement, c'est quelqu'un qui se démarque de sa génération, c'est un homme de montagne, c'est quelqu'un qui a l'amour des âmes, c'est quelqu'un qui par-dessus tout, aime et obéit Dieu. Ce n'est qu'une personne pareille qui a de la puissance dans sa bouche et, les paroles qu'elle prononce sont semblable au feu qui consume même les bois verts. ***Jérémie 5 :14 « …. Voici, je veux que ma parole dans ta bouche soit du feu et ce peuple du bois, et que ce feu le consume ».***

Aujourd'hui, les paroles de la plupart des prédicateurs ne sont plus puissantes parce que leurs bouches ne sont plus consacrées, or la consécration transforme les paroles faibles de l'homme en paroles puissantes de Dieu car il a la plénitude du Saint-Esprit.

Un homme qui prêche l'évangile a besoin de se consacrer totalement, corps, âme et esprit. C'est un tel homme qui a de la puissance dans sa parole et qui peut persuader les autres.

Nous sommes sauvés par les prières des personnes qu'on ne connait pas. Si tu te retrouves aujourd'hui sauvé, c'est parce qu'un Corneille a prié un jour et que Dieu a envoyé un Pierre qui t'a prêché. Aujourd'hui nous sommes tous des Pierres et des Corneilles dans différentes situations. Un chrétien doit constamment avoir la compassion pour les âmes perdues et prier pour elles tous les jours ; mais aussi, il doit toujours être disposé à prêcher quelqu'un autour de lui.

Un jour je suppliais Dieu constamment pour le salut des membres de ma famille, je prêchais à certains la parole dans le souci qu'ils se convertissent. Pendant que je le faisais, Dieu me révéla un défaut que j'entretenais sans cesse. En effet, je suis dans le département d'évangélisation et de suivi dans mon église, mais je n'étais pas disposé à prêcher sa parole aux autres âmes perdues ; Il me dit : de la même manière que tu pries pour le salut de tes frères, d'autres chrétiens aussi le font pour les leurs ; alors, si tu n'es pas disposé pour prêcher les membres de leur famille, les tiens aussi ne rencontrerons pas des personnes qui le ferons pour eux. Dès ce jour-là, j'ai cultivé la joie de prêcher aux autres car les miens aussi seront prêchés un jour. Nous ne recevons que ce que nous avons semés.

Lorsque nous prions pour modifier en bien une situation, nous devons être très attentifs aux différentes manières de Dieu de nous répondre. Je suis personnellement de ceux qui croient que l'église doit nécessairement influencer en bien la société. Auparavant, les autorités des nations dépendaient des prophètes et, elles menaient en bien la nation lorsqu'ils obéissaient et la détruisaient lorsqu'ils n'obéissaient pas.

Lorsqu'un peuple crie à Dieu parce qu'il est dans le désespoir, dans le manque et autres, Dieu prépare toujours quelqu'un pour résoudre son problème. Dieu veut préparer les chrétiens afin de les placer dans les hautes fonctions mais malheureusement, les chrétiens ne veulent pas être formés pour occuper ces fonctions. Les chrétiens d'aujourd'hui pensent que servir Dieu, c'est seulement être pasteur ou cadre dans une assemblée quelconque or, on peut craindre Dieu et être président de la république, ministre, juge, médecin, ainsi de suite.

L'église aujourd'hui crie sans cesse vers Dieu pour que les conditions de vie de l'homme s'améliorent et que les dirigeants se convertissent. C'est bien bon tout ça mais elle oublie parfois que Dieu, pour changer une situation, il destitue certaines personnes surtout quand elles sont païennes mais tout en préparant une bonne personne qui peut remplacer. ***1 Samuel 16 :1 « l'Éternel dit à Samuel : quand cesseras-tu de pleurer sur Saül ? Je l'ai rejeté afin qu'il ne règne plus sur Israël. Remplis ta corne d'huile et va ; je t'enverrai chez Isaï, Béthléhémite, car j'ai vu parmi ses fils, celui que je désire pour roi »***.

Ce texte est un bon exemple de l'intercession de l'église vis-à-vis de la société. Nous voulons que la situation change mais les chrétiens ne se préparent pas dans le secret comme David l'a fait. Plusieurs autorités sont en place parce que les chrétiens n'aspirent pas à atteindre les hautes fonctions dans une nation, c'est pourquoi nous subissons leurs décisions mauvaises et égoïstes.

« Dieu ne travaille pas avec les appelés mais avec les appélés-disponibles » Well Mpoyi

Celui qui est appelé mais qui n'est pas disponible, n'agira jamais avec Dieu. Il est temps que les chrétiens fassent des études approfondies sur la science, la politique, le sport et consort afin d'avoir un niveau intellectuel élevé mais aussi le caractère susceptible de les maintenir dans des hautes fonctions. C'est nous que Dieu veut placer dans les hautes fonctions mais seulement nous sommes négligeant à propos de nos études supérieures et nous limitons nos pensées à des choses basses alors que les païens visent les hautes fonctions et s'allient à l'occultisme pour les atteindre.

Nous avons un Dieu tout puissant mais fidèle à sa parole ; aspirons à des choses grandes et il nous aidera à les recevoir. C'est possible d'être milliardaire en Jésus à condition de penser grand, d'être sérieux devant les lois de la nature et d'associer Dieu.

3. La méditation

La méditation est la forme la plus puissante de la prière que Dieu lui-même nous a recommandé mais cependant, plusieurs la néglige ou la pratique mal.

La méditation n'est pas la lecture ; elle va bien au-delà de celle-ci. La plupart s'arrêtent à lire la parole de Dieu et ils disent qu'ils ont médité. La méditation est le fait de penser profondément sur un sujet quelconque. Quant à la parole de Dieu, nous méditons lorsque nous auscultons une portion de la bible jusqu'à ce que nous comprenions sa puissance.

« La parole de Dieu n'est pas faite pour être racontée mais pour être vécue » Pasteur Chris Oyakhilome

Dieu demande à Josué de méditer sa parole jour et nuit afin qu'il réussisse dans tout ce qu'il fait. **Josué 1 :8.** Si réellement nous méditons sa parole, pourquoi échouons-nous dans nos activités ? La parole ment-elle ? Loin de la ! Nous échouons parce que nous ne méditons pas, mais que nous nous arrêtons à lire la parole de Dieu, et nous nous contentons à raconter ce qui y est écrit.

La méditation en soi est déjà une prière car la parole de Dieu contient suffisamment de puissance pour nous pousser à agir. Lorsque nous prions, Dieu ne fait que nous donner le courage de mettre en pratique ce que dit sa parole. Il connait déjà nos besoins avant que nous le lui exprimions ; Il nous appelle à la prière non pas pour que nous les lui rappelions seulement mais pour que nous soyons dotés de la force nécessaire pour vivre ce qu'il a dit à notre sujet.

« La prière n'est pas un appel au secours pour que Dieu supprime nos problèmes mais plutôt c'est un moment de renforcement pour que nous affrontions les problèmes ». Well Mpoyi

La bible dit que Jésus sur la montagne des oliviers pria Dieu trois fois de suite pour qu'il ne fût pas livré chez les soldats et qu'il ne fût pas crucifié. **Marc 14 :35-39.** Avant de faire cette prière, Jésus avait médité sur le fait que toutes choses sont possibles à Dieu et que Dieu pouvait par sa miséricorde l'épargner de la souffrance de la croix. Mais puisque Dieu reste fidèle en sa parole et que la mission de Jésus sur terre devait sans doute s'accomplir, au lieu de l'épargner de la souffrance de la croix, Dieu lui a donné le courage d'affronter cette croix car, c'était déjà écrit par les prophètes.

Etant humain, nous vivons une vie qui a déjà été vécu dans l'éternité. Avant de nous matérialiser sur terre, Dieu rédige déjà le scénario de notre vie du début à la fin. En réalité, nous vivons la rediffusion d'un film que Dieu a déjà visualisé dans l'éternité. Sur terre, nous sommes des acteurs qui jouons le rôle d'une histoire que Dieu a soigneusement écrite avant que nous n'existions. Il a dit: ***« Avant que je t'aie***

formé dans le ventre de ta mère, je te connaissais, et avant que tu sois sorti de son sein, je t'avais consacré, je t'avais établi prophète des nations » Jérémie 1 :5

Dans l'éternité, la vie de Jérémie avait déjà été tracée. Alors que Jérémie se prenait pour enfant, Dieu le voyait déjà en tant que prophète des nations. Puisque c'est Jésus l'exemple parfait, nous savons tous que sa vie a déjà été annoncée par les prophètes dans l'ancien testament et qu'elle a été matérialisée dans le nouveau testament. Sa naissance, sa croissance, son ministère, sa crucifixion, sa mort, sa résurrection ainsi que son ascension ont déjà été annoncés en avance. Jésus n'a donc pas improvisé sa vie sur terre mais il a vécu sur les traces de sa destinée. La seule fois où il a voulu improvisé, c'est lorsqu'il a demandé à Dieu d'éloigner de lui si possible, la crucifixion.

Il savait ce qu'il était venu faire et il connaissait le temps de vivre chaque situation. Jean 12 : 27 « … Et que dirai-je ?... Père, délivre-moi de cette heure ?... Mais c'est pour cela que je suis arrivé jusqu'à cette heure. »

Il prévenait ses disciples de ce qu'il devrait vivre le temps qui suivait. Il méditait tout le temps sur tout ce qui a été dit sur lui et il priait afin de l'accomplir. La méditation est inhérente à la prière.

Dieu nous demande de méditer jour et nuit et aussi de prier sans cesse. À chaque fois que nous méditons, nous développons toujours une envie de prier car la prière imprime en nous la méditation. Le secret de la prière forte et exaucée se cache dans le « Notre Père » ; cette prière est la seule que Jésus a laissée à son église. Le Notre Père est une forme de prière qui englobe tous les désirs de l'homme mais aussi toutes les attentes de Dieu vis-à-vis de l'homme.

La partie la plus pertinente de cette prière est celle dans laquelle l'homme doit constamment chercher d'accomplir la volonté de Dieu et non sa propre volonté ; c'est pourquoi il dit : ***« Que ta volonté soit faite sur la terre comme au ciel »***. L'homme sur terre n'improvise pas sa destinée, il vit de façon à exécuter le plan de Dieu ; raison pour laquelle il a besoin de prier pour que Dieu lui révèle sa volonté. ***Jérémie 33 :3 « invoque-moi je te répondrai ; je t'annoncerai de grandes choses, des choses cachées, que tu ne connais pas ».***

Tout celui qui improvise sa vie, est toujours voué à l'insuccès. Ainsi, Pour faciliter la tâche à son peuple, Dieu utilise toujours un prophète à un moment précis pour révéler le futur de la vie de d'un homme. Dieu se prononce afin que l'homme sache précisément ce qu'il doit faire.

Une fois que l'homme connait la volonté de Dieu pour sa vie, il est donc impératif pour lui de méditer sur ce fait car la méditation de sa vie l'enverra toujours à chercher le soutient du scénariste c'est-à-dire Dieu. Dieu à son tour le conduira dans la lecture de la parole ainsi qu'à la prière car ces deux choses sont indissociables.

Pour tout celui pour qui on n'a jamais prophétisé, il n'y a pas de quoi à s'inquiéter car Jésus est le type d'homme que Dieu a créé et qu'il recherche tout le temps ; nous devons tous lui ressembler. Que chaque homme médite sur la vie de Jésus et sur toutes ses paroles écrites dans la bible afin d'accomplir parfaitement la volonté de Dieu.

En méditant sur la vie de Jésus, chaque homme trouve en réalité dans le profond de son cœur un chemin déjà tracé qu'il va devoir emprunter afin de manifester Jésus dans le domaine dans lequel Dieu l'attend.

Nous devons noter que la méditation requiert une attitude et un endroit à même de pouvoir faciliter sa puissance. Pour découvrir la puissance de la méditation, il faut faire comme nos prédécesseurs dans la vie chrétienne qui allaient de temps en temps s'isoler sur des montagnes, dans des forets, dans des grottes et dans des maisons de retraite afin de se déconnecter de la foule pour entrer en contact avec le Dieu de toute possibilité.

Si un homme se retire dans un endroit éloigné du public, c'est parce que le silence est le sentier qui conduit vers la quintessence de l'être suprême qui habite en nous. C'est pourquoi Dieu nous demande d'entrer dans la chambre et de fermer la porte avant de prier.

La méditation a pour ami : le vent, la nature, le bruit des eaux, les bruits des oiseaux, etc. Le silence accompagné de la méditation de la parole de Dieu rend un chrétien puissant le plus vite que possible.

Il est triste de savoir qu'aujourd'hui les endroits de retraite sont devenus des endroits remplis de bruits au point où les hommes qui y vont retournent comme ils sont allés et même pire parce qu'ils retournent avec des prophéties qui accusent les membres des familles ainsi que les circonstances, créant ainsi l'antipathie dans leurs cœurs. Les gens vont sur des montagnes pour lire la parole, prêcher et prier ; bref, ils partent pour faire les mêmes choses et de la même manière mais seulement dans un endroit différent.

Se retirer implique l'isolement afin d'être en face de Dieu par le canal de la méditation. Pour vivre la puissance de la retraite, il faut aller dans un lieu isolé et passer tout son temps dans la contemplation de Dieu. Il y a un temps pour parler à

Dieu ouvertement et un temps pour se taire afin de l'écouter nous parler. Grace au silence, l'envie de la méditation végète en nous.

La méditation n'est pas la lecture ; plusieurs chrétiens se contentent de lire la bible mais peu sont ceux qui la méditent. Dieu ne nous demande pas de lire seulement la bible mais de la méditer aussi ; celui qui lit la parole se plait de comprendre l'histoire qui est racontée et, est contant d'expliquer aux autres ce qu'il a compris et pourtant la parole de Dieu consiste à la démonstration de sa puissance. Méditer ne demande pas nécessairement de lire une grande partie directement. Juste un seul verset suffit pour méditer.

Le diable connait la puissance qu'il y a dans la médiation et le silence, c'est pourquoi dans toutes les sectes, l'atmosphère est toujours silencieuse alors que les chrétiens aiment beaucoup quand il y a du bruit dans leurs cultes et même autour d'eux. Les chrétiens aujourd'hui préfèrent la prédication mouvementée au lieu de l'enseignement or, l'enseignement est le socle de la méditation ; l'enseignement rend l'homme conscient de ce qu'il doit vraiment faire alors que la prédication mouvementée lui donne des sensations temporaires.

Les chrétiens dorment pendant l'enseignement alors qu'ils sont éveillés pendant la prédication ; le chrétien se contente d'écouter et d'apprécier alors qu'il y a une mise en pratique qui l'attend. La prédication n'est pas mauvaise mais seulement, les chrétiens doivent le recevoir avec un esprit d'enseignement parce qu'elle exige aussi une méditation.

Qu'est ce qui se passe lorsque vous pratiquez le silence ? D'abord, lorsque nous lisons la parole de Dieu, nous créditons notre esprit ; la parole que nous emmagasinons a le but de nous servir d'aide dans nos activités de tous les jours. Pour y parvenir, il faut que l'homme soit capable d'être en contact avec son esprit tout le temps or, il se retrouve constamment dans un environnement agité au point où il est plus conscient de la réalité que de la vérité.

Le silence ici, vient l'aider à calmer l'agitation interne afin qu'il puisse se frayer un chemin libre entre sa conscience et la vérité de la parole de Dieu. Le silence implique automatiquement la réflexion sur quelque chose en particulier or, plusieurs posent des actes sans réfléchir convenablement.

Notons que tous ceux qui manifestent ou qui ont eu à manifester la puissance de Dieu sont des personnes qui ne parlent pas beaucoup mais qui parlent quand c'est nécessaire. Beaucoup observer et parler moins permet à l'homme de puiser spontanément les bonnes réponses dans son esprit afin de toujours bien faire les choses. L'homme doit observer le silence jusqu'à ce que ce qu'il soit capable d'être stable dans son intérieur même quand y'a une agitation externe.

Pour y parvenir, il faut que l'homme prenne la décision de ne pas se presser de juger, de critiquer et d'accuser les autres autour de lui mais d'observer les événements puis parler quand c'est nécessaire.

4. Le parler en langues

Josué 1 :6 « Fortifie-toi et prends courage, car c'est toi qui mettras ce peuple en possession du pays que j'ai juré à leurs pères de leur donner ». Nous voyons ici Dieu en train de donner l'ordre à Josué de s'auto fortifier afin qu'il accomplît le dessein de Dieu.

Josué avait l'obligation de méditer régulièrement la parole de Dieu car c'était le seul moyen pour lui d'imprimer le courage en son esprit car la parole de Dieu porte en elle-même suffisamment de puissance.

Cette consigne était la plus puissante en ce temps-là car on était dans l'ancienne alliance et il n'y avait pas encore le baptême du Saint-Esprit. Dans sa miséricorde, Dieu a cherché constamment le moyen de faciliter à l'homme la tache afin que notre relation avec lui puisse aller de mieux en mieux. C'est ainsi dans la nouvelle alliance avec Jésus-Christ, il nous a donné une langue puissante renfermant en elle-même la totalité, la véracité et la puissance de sa parole.

La bible nous signale que Jésus aussi se fortifiait et croissait ; **Luc 2 : 40.** Jésus n'était pas épargné de la vieille bonne méthode car il était en route pour le début de son ministère et il avait besoin de se bâtir une base solide. Il était rempli du Saint-Esprit et il méditait régulièrement la parole de Dieu ; c'est pourquoi il a pu faire face au diable dans le désert.

En vue de nous faciliter plus la tâche, Il nous a promis le baptême du Saint-Esprit afin que nous fassions plus que ce qu'il n'a fait. Jésus était rempli du Saint-Esprit mais n'en était pas baptisé ; c'est nous qui sommes donc des privilégiés.

Le parler en langues est jusqu'aujourd'hui un sujet de débat et de confusion entre le peuple de Dieu à cause d'une mauvaise compréhension des écritures. Nous devons savoir qu'il existe deux manières de parler en langues ; l'une nécessite une interprétation tandis que l'autre n'en a pas besoin.

La langue qui a besoin d'une interprétation, c'est celle qui est pour l'utilité commune ; c'est un message que Dieu envoie à son peuple mais par une langue que la personne utilisée ou le porteur de message ne connait pas. Il parle pour édifier ou pour avertir quelqu'un dans la langue étrangère mais que quelqu'un dans l'assemblée peut interpréter. Par exemple, un natif de la France peut lors d'une réunion ecclésiastique être saisit par l'Esprit et commencer à parler en arabe ou en chinois. C'est ce qui est arrivé avec les apôtres dans **Actes 2.**

Cette forme de parler en langues équivaut à une prophétie et elle doit être interprétée soit par quelqu'un d'autres soit par lui-même le porteur du message grâce au Saint-Esprit. Mais aussi, Dieu peut utiliser quelqu'un par une langue inconnue des hommes mais dont Lui seul peut donner l'interprétation au travers du porteur du message ou de quelqu'un d'autre.

L'autre forme de langue est une arme puissante pour l'édification personnelle du chrétien ; elle n'a pas besoin d'être interprétée car le chrétien parle directement à Dieu et il construit illico presto son homme intérieur (son esprit).

Cette arme renferme les mystères que le chrétien lui-même ne maitrise pas mais qu'il vit. **1 corinthiens 14 : 2.** Tout chrétien doit désirer parler en d'autres langues car c'est le secret pour s'édifier, se bâtir et se fortifier personnellement afin d'accomplir le dessin de Dieu. ***Jude 1 : 20-21 « Pour vous, bien-aimés, vous édifiant vous-même sur votre très sainte foi, et priant par le Saint-Esprit, maintenez-vous dans l'amour, en attendant la miséricorde de notre seigneur Jésus-Christ pour la vie éternelle ».***

La prière par le Saint-Esprit est ici le parler en langues car l'homme stérilise son intelligence afin de laisser le Saint-Esprit associé à son esprit adresser pour lui la prière à Dieu. **1 corinthiens 14 :14**

Celui qui parle en langues prie en réalité directement pour suivre le chemin de la volonté de Dieu ; il fait la prière que Dieu attend de lui ; il prie pour avoir la force de suivre le chemin que Dieu a tracé pour lui ; il prie pour faire la volonté de Dieu ; il prie pour demander le revêtement nécessaire à sa destinée. Certes qu'il ne sait pas ce qu'il dit mais il prie certainement selon la volonté de Dieu car c'est le Saint-Esprit qui connait la volonté parfaite de Dieu pour chacun de nous.

Le parler en langues est une arme souvent utilisée pour exécuter quelque chose qu'on ne maitrise pas.

Un jour j'allais à l'église très tôt le matin, j'étais dans un taxi et j'écoutais la musique en chemin. Tout d'un coup, j'ai senti le besoin de prier me monter à cœur mais je ne savais pour quel sujet prier. Je voulais l'étouffer mais ça montait de plus en plus et je me suis dit : comme c'est Dieu qui le veut et que je ne sais pas le pourquoi, je vais prier en langues pour ne pas que je fasse une prière contraire à sa volonté.

Pour ne pas non plus gêner les autres, je priais en langue mais à basse voix. Juste quelques secondes après que j'aie commencé à prier, le conducteur du taxi rata d'écraser une dame qui revenait plausiblement d'une fête et qui traversait la route sans être attentive. Le conducteur la toucha légèrement par le rétroviseur et déséquilibrée, la dame tomba un peu plus loin mais sans dommage majeur. Illico, j'ai senti une paix intérieure et le Saint-Esprit me dit : « tu viens de sauver la vie de cette dame par ta courte prière ».

Voyez-vous, si je ne savais pas prier en langues, j'allais peut-être prier Dieu pour un sujet qu'il ne voulait pas entendre et, peut-être que la dame serait morte et le conducteur envoyé en prison.

Le parler en langues fait souvent une prière contraire aux attentes de l'homme. Pour un sujet du mariage par exemple, la personne qui prie par son intelligence a tendance à dire : Dieu donne-moi un partenaire qui va m'aimer, qui va m'aider à atteindre mes objectifs, etc. mais la même personne, si elle prie en langues, elle ne dira pas exactement la même chose car elle va laisser au Saint-Esprit de faire la prière ensemble avec son esprit ; ainsi, il se pourrait que le Saint-Esprit dise : Dieu avant de me donner le partenaire idéal, brise mon caractère, prépare-moi à être un bon parent pour mes enfants, etc.

Par son intelligence, l'homme demande de recevoir ce qui lui plait alors qu'en esprit l'homme demande la fondation solide avant de recevoir ce qui lui plait. C'est pourquoi Dieu ne nous donne pas ce que nous demandons mais ce dont nous avons besoin. Si donc l'homme ne sait pas comprendre ces choses, il serait toujours en train de voir ses prières ne pas être exaucées ou soit qu'il verrait tout le temps, le contraire des choses qu'il désire par son intelligence. Si on connait toutes ces règles, même la prière avec l'intelligence changera.

Notons que l'homme ne reçoit pas en fonction de ce qu'il prie mais en fonction de ce qu'il devient après la prière or, la prière en langues nous transforme en fonction de la volonté de Dieu afin que nous puissions toujours recevoir ce qui est mieux pour nous.

Le parler en langues a une telle puissance que s'il est fait avec sincérité de cœur, il influence tout dans la vie d'un homme. C'est même le secret de la puissance du ministère de l'apôtre Paul. ***1 Corinthiens 14 : 18-19 « je rends grâce à Dieu de ce que je parle en langues plus que vous tous ; ».***

L'apôtre Paul n'était pas le seul à parler en langue mais il était celui qui le faisait le plus. Il voulait simplement nous faire comprendre que c'est plus préférable de prier en langues qu'avec l'intelligence, surtout dans le moment de prière personnelle ; mais dans l'assemblée, nous devons prier parfois avec l'intelligence afin d'édifier les autres. ***1 Corinthien 14 : 19 « mais, dans l'église, j'aime mieux dire cinq paroles avec mon intelligence, afin d'instruire aussi les autres, que dix milles paroles en langues ».***

Le parler en langues n'exclut pas la méditation car la méditation nous permet d'être conscients de la puissance de la parole de Dieu. Comme toute forme de prière, le parler en langues nous donne aussi l'inspiration de la voie de Dieu mais aussi la force nécessaire pour affronter un défi. Nous devons noter que le parler en langues ne s'apprend pas comme d'autres églises le prétendent ; il est l'action du baptême du Saint-Esprit dans la vie du croyant.

1 Corinthiens 14 :5 « Je désir que vous parliez tous en langues mais encore plus que vous ne prophétisiez ».

La volonté de Dieu est que nous puissions tous parler en langues afin de bénéficier avec facilité, de tout le bien fondé de sa présence. Si donc tu ne parles pas encore en langues, tu vas faire avec moi cette prière lentement tout en méditant sur la puissance de chaque parole, et tu seras baptisé illico presto du Saint-Esprit et ta langue va se délier :

Chers Saint-Esprit, j'ai compris la nécessité du parler en langues et je désire le parler maintenant. Que ton ombre me couvre, et que je sois baptisé immédiatement au nom de Jésus.

Tu sentiras désormais une envie de dire toutes sortes des choses mais dans une langue bizarre. Pendant tes moments de prières, tu expérimenteras comme un frein des paroles et une non maitrise de ta langue. C'est le début !

CHAPITRE V. LES COMPAGNONS DE LA PRIÈRE

Au-delà de la bonne volonté de prier afin de recevoir tout ce que l'on désire, nous devons avoir conscience du fait que la prière n'agit pas seule, elle a des compagnons ci-dessous :

1. Le Saint-Esprit

Pour parvenir à faire une bonne prière et à être exaucé, nous avons besoins d'aide car personne ne peut prétendre se rapprocher de Dieu par lui-même. Le libre accès de l'homme dans la présence de Dieu a été supprimé depuis que l'homme a péché dans le jardin d'Eden. Pour y remédier, Dieu nous envoyé son fils Jésus-Christ afin que par lui, nous puissions nous adresser à Dieu.

À son tour, Jésus a accompli exactement et convenablement sa mission mais il nous a laissé une autre personne afin de rendre notre intimité avec Dieu plus réel. ***Jean 16 :7 « … Il vous est avantageux que je m'en aille, car si je ne m'en vais pas, le consolateur ne viendra pas vers vous ; mais si je m'en vais, je vous l'enverrai ».***

Le consolateur est ici le Saint-Esprit ; il est le consolateur car il est venu nous consolé du départ de Jésus. Le Saint-Esprit est le remplaçant valable de Jésus, comme Jésus l'est du Père c'est-à-dire Dieu. Ces trois personnes ne font qu'un mais dont chacune avec son rôle particulier.

Si le Père est assis sur le trône et que Jésus est à sa droite afin d'intercéder pour nous, le Saint-Esprit est celui qui nous révèle le cœur de Dieu ; il est le paraclet ; le pont qui nous fait parvenir à Dieu ; il est le professeur qui nous enseigne le cœur de Dieu ; il est le coach qui nous donne des stratégies pour conquérir le cœur de Dieu ; il nous révèle la joie ou le mécontentement de Dieu ; c'est lui qui nous emmène dans l'intimité de Dieu ; c'est lui qui nous donne la force d'aimer Dieu malgré les circonstances ; c'est lui qui nous donne la soif de Dieu ; c'est lui le portier du cœur de Dieu, c'est lui l'interprète de Dieu auprès des hommes…

Ceci pour dire que, sans une bonne coopération avec lui, on ne sera jamais ami de Dieu et on ne connaitra jamais la volonté de Dieu pour nous. Le Saint-Esprit n'est là que pour nous guider selon la voie de Dieu ; il assiste au conseil de Dieu et il vient nous informer de ce qui se passe dans ce conseil.

Dans l'ancienne alliance, il avait le nom de l'ange de l'Eternel car il conduisait les serviteurs de Dieu dans les voies de Dieu. ***Exode 23 :20-21 « Voici, j'envoie un ange***

devant toi, pour te protéger en chemin, et pour te faire arriver au lieu que j'ai préparé. 21. Tiens-toi sur tes gardes en sa présence, et écoute sa voix ; ne lui résiste point, parce qu'il ne pardonnera pas vos péchés, car mon nom est en lui ».

Nous voyons ici Dieu en train de prévenir son peuple de se conformer aux instructions de l'ange car il vient au nom de Dieu. Désobéir à sa voix, c'est refuser de vivre la volonté de Dieu.

Le Saint Esprit est la personne qui nous dicte le moment propice de prier car il connait l'état du cœur de Dieu en ce moment-là. Il nous révèle le cantique que nous devons chanter au moment importun afin de toucher le cœur de Dieu ; il nous dicte la position de la prière idéale à un moment précis ; il nous montre les bonnes terres pour semer, il nous donne le montant précis d'offrande que nous devons faire ; bref, il nous dit ce que Dieu attend de nous.

En outre, le Saint-Esprit est aussi la personne qui prend nos paroles et qui les transforme au gout de Dieu ; c'est pourquoi il y a le parler en langues. Associé à notre esprit, le Saint-Esprit prie à notre place et il nous montre l'attitude à adopter afin de recevoir ce qu'il a demandé pour nous. ***Romain 8 :26-27 « De même aussi, l'Esprit nous aide dans notre faiblesse, car nous ne savons pas ce qu'il nous convient de demander dans nos prières. Mais l'Esprit lui-même intercède par des soupirs inexprimables ; 27. Et celui qui sonde le cœur connait quelle est la pensée de l'Esprit, parce que c'est selon Dieu qu'il intercède en faveur des Saints ».***

La bible dit dans les ***Psaumes 37 :4 « fais de l'Eternel tes délices et il te donnera ce que ton cœur désir ».*** L'homme a des désirs divers, susceptibles à son épanouissement mais parce que son vrai bonheur est entre les mains de Dieu, il faut que le Saint-Esprit s'associe à lui.

Chaque humain a une mission particulière sur terre et, chacun a une manière spéciale de l'accomplir. Ce qui est bien pour l'un ne l'est pas nécessairement pour l'autre c'est pourquoi le Saint-Esprit vient nous accompagner dans le bonheur précis de chacune de nos vie. Lorsque nous devenons une seule personne avec lui, nos désirs sont en réalité les désirs de Dieu.

Nous obtenons facilement ce que nous désirons lorsque c'est le Saint-Esprit qui nous influence. Par notre contact, il met dans nos cœurs les désirs de Dieu afin que nous puissions demander ce que Dieu veut que nous lui demandions. En tant qu'enfant de Dieu, nos désirs sont en réalité les désirs de Dieu parce que ce n'est plus nous qui vivons mais c'est lui en nous.

Le choix de la maison où l'on veut habiter, la marque de voiture que nous voulons posséder, le style vestimentaire, le choix du partenaire pour le mariage, etc. sont avant tout, l'influence du Saint-Esprit dans la vie du chrétien qui s'abandonne totalement à Dieu.

« Vous recevez de Dieu dans la mesure où vous vous attendez de lui ». Well Mpoyi

Dieu reste Dieu dans toutes les étapes de la vie humaine mais aussi dans toutes les dimensions. La révélation qu'on a de lui, nous donne accès aux choses y afférentes. Il n'est pas qu'un Dieu des plaines mais aussi des montagnes.

Considérons le fait que d'un côté, nous avons un vendeur de pacotille qui associe Dieu dans ses ventes afin qu'il ait de quoi subvenir à ses besoins alors que de l'autre côté nous avons un chef d'entreprise d'automobile qui fait la même action. Les deux sont des chrétiens mais n'ont pas la même connaissance et la vision de Dieu.

L'un limite sa vision dans de petites choses alors que l'autre voit grand. L'un pense que l'argent est la racine de tous les maux alors que l'autre pense que c'est le manque d'argent qui est la racine de tous les maux ; l'un pense que l'opulence est diabolique alors que l'autre se dit que l'or et l'argent appartiennent à Dieu ; l'un pense que tout est possible alors que l'autre pense que y'a des choses qu'il n'est pas possible d'avoir ; l'un dit que la politique est pour les païens alors que l'autre se dit que c'est possible d'être président de la république avec Dieu, etc.

Bref, le Saint-Esprit nous aide à développer nos attentes vis-à-vis de Dieu dépendamment de la capacité que nous avons à sonder les écritures ; et, il nous accompagne à l'accomplissement de nos attentes dans la petitesse tout comme dans la grandeur. Voyez grand et le Saint-Esprit vous aidera à vivre la grandeur.

2 Rois 4 : 3-6 « Et il dit : va demander au-dehors des vases chez tous les voisins, des vases vides, et n'en demande pas un petit nombre. 4. Quand tu seras rentrée, tu fermeras la porte sur toi et sur tes enfants ; tu mettras de côté ceux qui seront pleins. 5. Alors elle le quitta. Elle ferma la porte sur elle et sur ses enfants ; ils lui présentèrent les vases, et elle versait. 6. Lorsque les vases furent pleins, elle dit à son fils : présente-moi encore un vase. Mais il lui répondit : il n y a plus de vase. Et l'huile s'arrêta ».

Ce texte nous fait comprendre deux grandes choses importantes : la première est que, la grandeur de notre vision, déterminera la capacité de Dieu à nous combler. L'homme de Dieu Elisée demande à la veuve de ne pas avoir un petit nombre de vase comme pour nous dire de ne jamais limiter nos visions dans la petitesse.

Dieu arrête de nous bénir lorsque nous arrêtons à aspirez à un niveau supérieur. Dieu est aussi un Dieu luxueux alors rêvons d'avoir des habitations luxueuses et une vie en rose. Il sera enchanté de nous y conduire. Le luxe n'est pas seulement pour les païens ; Dieu veut des chrétiens qui y aspirent aussi.

La deuxième des choses est que nous devons fermer la porte après nous, après que nous ayons pris les vases comme pour nous dire que nous devons garder nos visions de grandeur secrètes pour ne pas que les gens de basse classe nous fassent croire que la vie de grandeur est impossible. Nous avons l'obligation que de les partager avec les gens qui y croient aussi d'où la présence de la veuve et de ses fils dans la maison. C'est un encouragement mutuel.

2. La foi

La foi signifie pour les chrétiens, « Fermer l'Œil Intellectuel » ; C'est le billet d'accès pour le réservoir de Dieu.

Hébreux 11 :6 nous dit : ***« Or sans la foi, il est impossible de lui être agréable… »*** La foi est en elle-même le chimiste en chef de la prière; elle est l'atelier de la matérialisation de nos prières. C'est le moule de nos prières.

« Dans le marché de la prière, la monnaie courante c'est la foi » Well Mpoyi

Nul ne peut prétendre recevoir quelque chose de Dieu sans qu'il n'ait développé une foi au préalable. Dieu n'agrée pas les prieurs mais les hommes de foi car la foi est déjà en soi une prière. Dieu a besoin des personnes déraisonnables ; des personnes qui croient que la mère rouge peut se séparer en deux et être traversée à sec.

« Jésus voyant leur foi, dit au paralytique : mon enfant, tes péchés sont pardonnés ; » Marc 2 : 5.

Partant de ce texte, nous comprenons que Dieu n'agrée pas les paroles d'un homme mais la foi de celui-ci. Les paroles sont les désirs du cœur mais la foi est l'abandon total du cœur ; c'est la totale confiance en la parole de Dieu. À chaque fois que Jésus faisait du bien aux hommes, il le faisait dépendamment de la foi du concerné ; c'est pourquoi il disait : « ta foi t'a sauvé ».

La foi peut tout ; la vraie foi ne voit pas d'obstacles ; elle garde le cœur de l'homme dans l'enfance ; elle ferme l'œil intellectuel pour ouvrir l'œil de la folie.

Avec Dieu, c'est possible de ne demander qu'une seule fois puis croire qu'on a reçu la chose et n'attendre que l'accomplissement. La bible dit qu'il ne faut pas prier comme les païens qui pensent que c'est à force des paroles qu'ils sont exaucés.

La foi en Dieu se fait toujours accompagnée des signes tels que la joie, la paix du cœur, la quiétude, le détachement, la certitude, l'assurance, la patience, etc. Lorsque nous demandons quelque chose à Dieu, nous le supplions d'une certaine manière, jusqu'à ce qu'il nous exauce par ces signes.

Nombreux pensent que l'exaucement de Dieu commence lorsque nous touchons à ce que l'on a demandé alors qu'il commence lorsque nous ressentons les signes cités ci-haut. Une personne qui sent ces choses après sa prière n'a plus intérêt à continuer à demander car ce serait de l'incrédulité. Ces signes d'exaucement nous poussent à rendre d'avance grâce à Dieu et à s'attendre à la matérialisation de nos demandes. Nombreux rendent grâce aujourd'hui et viennent demain pour redemander la même chose. C'est absurde !

1 Samuel 1 :17-18 « Eli reprit la parole et dit : va en paix, et que le Dieu d'Israël exauce la prière que tu lui as adressée ! 18. Elle dit : que ta servante trouve grâce à tes yeux ! Et cette femme s'en alla. Elle mangea, et son visage ne fut plus le même ».

À cause de son désir intense d'avoir un enfant, Anne ne pouvait quitter la présence de Dieu sans l'exaucement. Elle a supplié Dieu jusqu'à ce que Dieu l'exauce au travers de son serviteur Eli. Dieu lui a donné la paix du cœur, et elle adopta aussitôt l'attitude d'une personne exaucée. Elle n'est plus rentrée dans le temple pour demander cette chose car elle avait cru en la parole de Dieu par Eli. Cependant, elle n'est pas allée croiser le bras mais elle a connu à nouveau l'intimité avec son époux Elkana et, il y a eu matérialisation de sa demande quelques temps plus tard.

Passer à l'action est une preuve cruciale de la foi. Si vous croyez que vous aurez un bébé, allez faire la layette ; si vous croyez que vous serez un homme grand, travaillez sur votre style de vie, enrichissez votre vocabulaire, désirez la qualité supérieure dans vos choix ; vous pensez que vous allez vous marier, apprenez à repasser les habits pour homme et à prendre soin de votre corps comme si vous étiez déjà dans le foyer, etc.

Nous ne recevons pas les signes de l'exaucement à toutes nos prières car Dieu nous donne que ce qu'il a prévu pour nous. Voilà pourquoi c'est nécessaire de découvrir sa volonté pour nous avant de prier. Plusieurs viennent vers Dieu avec leurs propres désirs ; c'est pourquoi ils ne reçoivent pas les signes de l'exaucement. L'homme le plus heureux de la terre, c'est celui qui exprime la volonté de Dieu pour lui dans ses prières. Et la volonté de Dieu pour nous, c'est tout ce que la bible dit à propos de nous.

Nombreux rencontrent des obstacles dans leur chemin accompagnés des inquiétudes mais forcent la note ; c'est pourquoi ils ne sont pas heureux. Lorsque nous prions pour quelque chose et que nous ne recevons pas la réponse favorable, il est préférable de vérifier si c'est vraiment la volonté de Dieu car en force d'insister sur ce que Dieu refuse, on risque d'avoir un exaucement à contrecœur comme c'est arrivé à Balaam.

Lorsque la bible dit de ne pas se relâcher dans la prière, cela signifie qu'il faut prier jusqu'à l'exaucement même quand y'a pas encore matérialisation car rien ne se fait physiquement sans que cela ne soit fait spirituellement. Dès que vous avez les signes de l'exaucement, attendez seulement la concrétisation parce que le ciel et la terre ont un décalage horaire. Cette attente, c'est cela la foi.

Par contre, Lorsque vous rencontrez des obstacles mais que vous avez les signes de l'exaucement au fond de votre cœur, il faut percer car Dieu est avec vous. Il a dit à ses disciples : ***« Heureux serez-vous lorsqu'on vous outragera, qu'on vous persécutera et qu'on dira de vous toute sorte de mal, à cause de moi ». Matthieu 5 : 11.***

Jésus est en train de prévenir ses disciples en disant, si vous souffrez un jour à cause de moi, vous sentirez une paix dans vos cœurs comme signe et vous serez joyeux dans la souffrance. C'est ce qu'Etienne ressentit pendant qu'on était en train de le lapider. Il mourait avec joie car il voyait Jésus tout en sachant qu'il allait entrer dans une phase de repos. La souffrance à cause de Jésus n'est pas éternelle ; elle nous arrive afin de nous faire passer à une autre phase de la vie glorieuse. Si votre souffrance pour Jésus commence à vous inquiéter sachez qu'il n'en est plus l'auteur ; faites tourner votre cerveau et prier pour que cela s'arrête.

Cependant sachez ceci : celui qui n'a pas Jésus en lui, remarquera toujours les signes de l'exaucement dans son intérieur lorsqu'il sera en train de faire des choses contre-nature car c'est le diable qui l'inspire à ce moment-là. Par exemple, quelqu'un peut se dire chrétien mais prie Dieu pour que le mensonge qu'il a proféré à l'égard d'autrui puisse porter le fruit. À cause de son expertise dans le mensonge, il peut aussi sentir l'un des signes de l'exaucement mais sauf que cela n'est pas de Dieu. Il faut qu'il se convertisse d'abord !

Notons que Dieu ne prend pas toujours nécessairement assez de temps pour répondre à ses enfants. Il est aussi le Dieu du tic-au-tac ; vous pouvez parler avec comme à une personne physique et visible. Vous parlez et il vous répond. Le problème avec les chrétiens c'est que nous ne saisissons pas ses différentes manières de nous parler. Par exemple, il n'est pas nécessaire de chercher à voir la femme ou l'homme de sa vie dans un rêve ou la connaitre au travers d'un prophète car une personne qui a le Saint-Esprit peut par une sensation subtile (les signes de l'exaucement) avoir la précision sur son partenaire idéal. Le cadeau de Dieu pour nous se fait toujours accompagné de la paix du cœur même quand l'emballage n'est pas alléchant.

3. La justice

« Et mon juste vivra par la foi ; mais, s'il se retire, mon âme ne prend pas plaisir en lui » Hébreux 10 : 38.

La foi est le vêtement du juste ; c'est la monnaie qui a de la valeur entre les mains du juste ; c'est le billet d'accès du juste au palais de Dieu. La bible reste puissante que dans le chef de celui qui observe ses exigences. La parole de Dieu est une constitution pour les chrétiens, le respect de son contenue est tenue de rigueur car Dieu ne dilue pas sa parole pour faire plaisir à un quelconque individu.

Puisque la prière consiste à apporter devant Dieu sa parole, nous devons nous assurer que nous marchons selon cette parole. La présence de Dieu est comme une cours de justice ; jamais un transgresseur de la loi ne peut être acquitté. Autrement, pour recevoir de Dieu, il faut avoir raison. La bible dit que Dieu se plaint de son peuple du fait qu'il vient sans cesse demander que Dieu lui fasse justice alors qu'il ne vit pas lui-même dans la justice. ***Esaïe 59 :4 « Nul se plaint avec justice, nul ne plaide avec droiture…*** »

Jésus sur la croix a crié : « Mon Dieu, mon Dieu, pourquoi m'as-tu abandonné ? ». Matthieu 27 :46. Il savait que selon les écritures, il est écrit dans Josué 1 :5 : « … Je ne te délaisserai point, je ne t'abandonnerai point ». Il a prié en rappelant à Dieu sa propre parole, c'est pourquoi Dieu n'a pas tardé à lui faire justice. Luc 23 : 47 « … certainement, cet homme était juste »

Dieu a remarqué que Jésus était juste, c'est pourquoi, il l'avait déclaré non coupable, il lui a donné trois jours de liberté provisoire sous la terre, et il l'a condamné à la vie éternelle. Gloire à Dieu ! C'est ce qui se passe dans la vie de tout chrétien juste.

Dieu est sensible à sa parole ; partout là où elle est citée Dieu est attiré mais il agit seulement après avoir constaté que ceux qui la citent sont justes. La parole de Dieu n'a pas le même effet dans la vie de tout le monde.

Plusieurs mènent leur vie comme ils veulent mais ils désirent en même temps que Dieu exauce leurs prières.

Comment est-il possible que quelqu'un qui a fini ses études par corruption, puisse espérer obtenir du travail grâce à Dieu ? Son diplôme n'a pas de valeur simplement ; Comment est-ce qu'un homme qui ne partage pas peut recevoir les biens matériels de Dieu ? Comment est-il possible qu'un impudique puisse recevoir de Dieu un partenaire idéal ? Il faut se repentir au préalable avant que Dieu agisse avec nous.

Dieu ne bâtit pas sur une fondation qu'il n'a pas posée ; on ne peut pas le supplier de nous répondre sur quelque chose qu'il n'a pas commencé avec nous. Il va d'abord le modifier ou soit le supprimer et commencer à bâtir une nouvelle fondation.

Il est impératif d'être juste, si on veut que Dieu soit notre allié. Encore là une fois de plus, nous ne sommes pas juste seuls si ce n'est que Jésus qui nous justifie auprès du père.

4. L'amour

Galate 5 :6 « car en Jésus, ni la circoncision ni l'incirconcision n'a de valeur mais la foi qui est agissante par l'amour ». La foi est inhérente à l'amour tout comme elle l'est avec la justice.

« L'amour est la clé de contact de la foi ». Well Mpoyi

Il est impossible de faire fonctionner la foi envers la parole de Dieu si on n'aime pas. L'amour est le fait de chercher à faire du bien à son prochain sans acception de personne, comme on aimerait qu'on nous le fasse.

Dieu se diffère de Satan par l'amour. Tout celui qui veut recevoir du diable, il n'a qu'à haïr mais il n'a qu'à aimer s'il veut recevoir de Dieu. Parler de l'amour sans savoir le définir est là le grand problème mais nous devons noter que primo, l'amour se démontre par les œuvres tout comme la foi ; secundo, l'amour grandit au fur et à mesure qu'on y travaille.

Puisqu'il émane de Dieu, l'homme a le gène de l'amour en lui. Si dans l'ancienne alliance l'amour était conditionné par rapport aux actes que les uns posaient vis-à-vis des autres, dans la nouvelle alliance avec Jésus, l'amour n'a plus des conditions ; nous aimons tout le monde de la même manière. ***Matthieu 6 :45 « si vous aimez ceux qui vous aiment, quelle récompense méritez-vous ? Les publicains aussi n'agissent-ils pas de même ? »***. L'amour est la caractéristique principale d'un chrétien ; c'est l'option ultime de sa vie et de sa marche avec Jésus sur terre.

L'amour a des dimensions et nous sommes tous contraints à atteindre la plus haute de ses dimensions si nous voulons réellement activer notre foi en la parole de Dieu.

Jean 15 :13 « Il n'y a pas de plus grand amour que donner sa vie pour ses amis ». Donner sa vie, c'est s'oublier soi-même afin de sauver son prochain païen ou chrétien.

Le texte de 1 Corinthiens 13 nous explique mieux sur l'amour ; et c'est cela que tout chrétien doit respecter. L'amour véritable est celui qui ne cherche point son intérêt mais celui des autres. Celui qui aime ne cherche pas à savoir d'abord ce que l'autre peut lui apporter mais plutôt ce que lui peut apporter dans la vie de l'autre ; c'est pourquoi Jacques dit : ***« vous demandez et vous ne recevez pas, parce que vous demandez mal, dans le but de satisfaire vos passions » Jacques 4 :3***

Quel que soit ton niveau de foi, si tu ne cherches pas l'intérêt de l'autre, tu ne recevras jamais de Dieu. Le plus grand secret de l'afflux de la richesse dans la vie d'un homme, c'est la recherche constante du bien-être de son prochain car on devient riche en cherchant d'enrichir la vie de l'autre.

L'amour se doit d'être demandé dans la prière, et Dieu qui change le cœur de pierre en chair vous entrainera dans la vie pratique afin que ce cœur soit renouveler. Dieu nous aime tous de la même manière et il l'a prouvé en nous donnant son Fils unique Jésus ; ainsi, c'est à nous de lui rendre la pareille.

Nous prétendons tous aimer, mais l'expression de notre amour diffère les uns les autres c'est pourquoi nous ne recevons pas tous de la même manière. ***Luc 7 : 47 nous dit : « c'est pourquoi je te le dis, ses nombreux péchés ont été pardonnés : car elle a beaucoup aimé. Mais à celui qu'on pardonne peu aime peu ».*** Nous voyons ici que l'expression de l'amour est déjà en soi une prière car cette femme a été pardonné avant même qu'elle ne prononçât un mot. Jésus aimait tous ses disciples de la même manière mais l'expression d'amour de chaque disciple vis-à-vis de lui, faisait en sorte qu'ils ne reçoivent pas les révélations de la même manière. ***Jean 13 :23 « Un de ses disciples, celui que Jésus aimait, était couché sur le sein de Jésus ».***

Nous savons tous que Jésus ne fait acception de personne mais pourquoi la bible dit-elle qu'il aimait Jean comme si les autres étaient mal aimés ? En lisant, nous comprenons que Jean exprimait son amour envers Jésus différemment des autres car, il mettait même sa tête sur le sein Jésus ; il était plus rapproché de Jésus que les autres c'est pourquoi il a bénéficié d'une grâce particulière. Il est le seul disciple qui est mort de vieillesse et il a reçu la révélation du livre qui contient le plus de mystère : l'Apocalypse

L'amour envers Dieu s'exprime en termes de soif. Nous sommes certains de grandir en amour lorsque nous éprouvons plus de soif d'être dans la présence de Dieu. Notre expression d'amour se définit dans notre manière de donner à Dieu nos biens ; de l'adorer, de nous habiller dans sa présence ; de notre ponctualité dans les cultes ; de l'attention vis-à-vis de sa parole ; etc. Cette soif en retour va nous pousser à aimer nos prochains comme Dieu nous aime car il est impossible de passer du temps dans la présence de Dieu sans que nos cœurs se transforment en cœur amoureux.

C'est par amour des âmes perdues que les chrétiens doivent fléchir constamment les genoux devant Dieu parce que c'est le seul moyen par lequel il y a des vraies conversions. C'est par amour de sa nation que nous devons aspirer à atteindre les plus hautes fonctions ; c'est par amour du progrès d'une société que nous devons désirer y travailler.

Notre expression d'amour nous facilite l'accès à des choses que les autres endurent pour recevoir. C'est lui qui donne libéralement n'a pas besoin de demander de l'argent à Dieu car donner libéralement est déjà un signe d'amour mais aussi de foi car il sait que l'homme ne reçoit que ce qu'il sème.

5. Les anges

Apocalypse 19 : 13-14 « Et il était revêtu d'un vêtement teint de sang. Son nom était la parole de Dieu. Les armées qui sont dans le ciel le suivaient sur des chevaux blancs, revêtues d'un fin lin, blanc, pur ».

Étant un royaume bien organisé, le royaume des cieux dispose d'une armée chargée d'accompagner son chef partout où il s'en va. Nous l'avons bien définit ci-haut que le chef de l'armée céleste est Jésus-Christ ; et Jésus, c'est la parole de Dieu.

Lorsque nous prions, c'est la parole de Dieu que nous sommes obligés de présenter devant Dieu car c'est la seule chose qui est capable de déclencher un exaucement. Sur ce, elle se fait accompagner des êtres spirituels appelés « Anges ».

Les anges sont des êtres programmés pour accomplir la parole de Dieu dans la vie des chrétiens. En accompagnant cette parole, ils jouent les rôles de protecteurs, de défenseurs, de messagers et de réparateurs ; tout ceci, par le nom de Jésus.

Lorsqu'un homme prie, les anges sont alertés et ils sont excités de venir au secours mais tout en vérifiant si la personne est juste, amoureuse et possédant la foi. Si ces trois choses sont réunies, l'homme ne fournit aucun effort car les anges s'occupent de son cas et lui facilite la possession de tout ce qu'il désire. Très souvent les chrétiens perdent l'une de ces trois choses car ils ne tiennent pas compte de l'incubation ; ce dernier est un processus par lequel Dieu accompli sa parole car il exige la patience or, la patience est l'un des attributs de l'amour.

La patience est un signe de confiance en Dieu. Avoir la foi est bien mais avoir la confiance en la foi est mieux. La confiance en la foi laisse libre cours à l'activité angélique car les anges nous secourent sur l'ordre de Dieu. Ils sont des serviteurs de Dieu mais à notre service ; par conséquent, nous n'avons aucun pouvoir de les ordonner à faire quelque chose pour nous. Nous utilisons la parole de Dieu appropriée à notre situation et automatiquement les anges se mettent au travail.

Nous devons avoir conscience d'eux lorsque nous sommes certains de marcher dans la conformité de la parole de Dieu. 2 Rois 6: 16 « il répondit : Ne crains point, car ceux qui sont avec nous sont en plus grand nombre que ceux qui sont avec eux ».

Puisqu'Elisée avait la parole de Dieu en lui, il avait tout une armée angélique qui l'accompagnait et le protégeait des ennemis. Certes que les anges sont puissants mais ils ne sont pas dignes d'être vénérés ni d'être priés

Apocalypse 19 : 10 « Et je tombai à ses pieds pour l'adorer ; mais il me dit : Garde-toi de le faire ! Je suis ton compagnon de service, et celui de tes frères qui ont le témoignage de Jésus. Adore Dieu... » Tellement qu'il resplendissait, Jean l'a confondu à Jésus lui-même jusqu'au point d'être tenté de se prosterner devant lui ; mais connaissant que seul Jésus est digne d'être adoré, l'ange s'est préservé de voler la gloire de Dieu et il a sauvé Jean d'un acte idolâtre.

Ils ne méritent aucunement des chants à leurs égards ni une invocation car ils se déplacent sous l'ordre de Dieu et non des hommes. ***Matthieu 26 : 53 : « Penses-tu que je ne puisse pas invoquer mon père, qui me donnerait à l'instant plus de douze légions d'anges ? ».*** Ce texte nous révèle que seule la prière envers Dieu a la capacité de libérer une armée d'anges car invoquer Dieu c'est en fait proclamer sa parole ; c'est citer sa parole ; c'est déclarer sa parole par conséquent, les anges la poursuivent en quantité que seule Dieu décide.

Les anges sont nombreux mais ils ne sont pas omniprésents. C'est pourquoi c'est absurde d'invoquer « Michael » par exemple parce que nous ne sommes pas les seules à prier au même moment. Si deux personnes demandent à Michael de leur venir en aide, il viendra chez qui en premier ? Voilà pourquoi Dieu lui-même se charge de l'envoyer là où il veut. Nous, nous prions seulement et Dieu les dispache par rapport à sa volonté.

Nous devons savoir que la constance de la proclamation de la parole de Dieu dans nos prières, détermine la rapidité de l'action angélique. Plus nous restons ferme à la parole de Dieu, plus nous incitons les anges à agir. C'est pourquoi il est obligatoire à tout chrétien d'aimer Dieu extrêmement car l'amour pour Dieu pousse Dieu à nous révéler plus de sa parole ; et plus nous connaissons sa parole, plus nous allons l'utiliser et là, les anges iront dans tous le sens de notre vie.

Est-ce les anges ont-ils une langue ? Bien sûr que oui ! 1 Corinthiens 13 : 1 « Quand je parlerai la langue des hommes et des anges, si je n'ai pas l'amour, je suis un airain qui résonne, ou une cymbale qui retentit ». Ils écoutent certes toutes les langues du monde mais entre eux, ils parlent spécialement le « parler en langues » C'est lui qui parle en langues facilite l'activité angélique et il a des résultats plus efficaces car la bible dit que rendre grâce en langue est plus excellent que le faire en des langues des hommes. Parlez donc plus en langues, et vous serez ébahit des résultats que vous obtiendrez.

6. Le temps

« Avec Dieu, soit on vit dans le temps, soit on perd le temps » Well Mpoyi

Permettez-moi d'affirmer avant d'aller plus loin, que la notion du temps est l'une des notions les plus incomprises surtout dans la vie des enfants de Dieu. Ce n'est pas parce que Dieu nous promet de recevoir tout ce que nous demandons par la prière que nous recevons tout par le clic des doigts. Il y'a un temps pour toute chose dit la bible.

Nous appelons le temps compagnon de la prière car ce n'est qu'au fil du temps qu'on arrive à recevoir chaque chose.

« Tant que Marie n'est pas encore prête pour concevoir Jésus, ton Jean-Baptiste ne vient pas car les deux sont appelés à avoir une différence de six mois » Well Mpoyi

En tant qu'enfants de Dieu, nos destinées sont liées les unes les autres. Personne ne vit sur terre pour lui-même par conséquent, nous recevons de Dieu pour l'utilité de l'autre d'abord. Tu peux tant prier, tu peux même manifester les symptômes de l'exaucement à un niveau supérieur mais si ce n'est pas encore le temps, rien ne va se passer. Vous devez le savoir.

Ce n'est pas le désir ardent de la femme d'avoir un bébé qui fera en sorte que l'enfant sorte de son ventre. Il faut qu'elle attende que les neuf mois s'écroulent. Quoi qu'Il soit venu pour sauver l'humanité, Jésus ne pouvait pas se manifester avant l'âge de trente ans. Trente ans, c'est le symbole du moment propice pour recevoir chaque chose. C'est le temps que Dieu a prévu pour te donner une chose capitale pour ton bonheur.

Nos prières, notre intégrité, et même nos actions, n'influencent pas l'exaucement mais elles font que l'exaucement s'accomplisse à son temps, selon la volonté de Dieu. ***Esaïe 49 :8 « Ainsi parle l'Eternel : au temps de la grâce, je t'exaucerai, … »***

Il est décevant de remarquer qu'aujourd'hui, les chrétiens ne connaissant pas Dieu, veulent à chaque fois que leurs prières trouvent des réponses au moment qu'eux veulent ne tenant pas compte du programme de Dieu pour leur vie, et pour celle des autres. C'est pourquoi nombreux menacent Dieu, lui donnent même des ultimatums sous prétextes qu'ils ne prieraient plus ou ne serviraient plus Dieu croyant que cela ferait peur à Dieu. Au finish, ils jettent l'éponge et comprennent que c'est Dieu le maître de temps et des circonstances.

Un chrétien avertit, c'est celui qui nage dans le sens du voile avec Dieu. Il sait que le temps n'existe pas pour rien. À chaque fois que Jésus était menacé et savait que ce n'était pas encore son temps de mourir, il n'avait pas peur et disait tout haut que son heure n'était pas encore là.

Comment donc savoir que ce n'est pas encore le temps ? Voilà la grande question. Pour y répondre nous allons-nous référer aux notions sur les signes de l'exaucement que vous connaissez déjà peut-être. ***3 Jean 1 :2 « Bien-aimé, je souhaite que tu prospères à tous égards et sois en bonne santé, comme prospère l'état de ton âme ».***

Voilà la volonté de Dieu pour tous chrétiens. Puis que vous êtes déjà sauvés, la volonté de Dieu est que vous recevez en toute quiétude tout ce qui est nécessaire pour votre épanouissement. Pour ce faire, Il vous donne à l'intérieur tout comme à l'extérieur, les signaux qui pourront vous guider vers un bon choix. N'attendez pas seulement avoir une vision ou entendre une grosse voix pour comprendre d'ailleurs, même si cela vous arrive, vous aurez toujours besoin des signaux internes pour confirmer.

Parmi ces signaux nous avons : la paix, la joie, l'enthousiasme, l'assurance… Ce sont des choses qui se passent au-dedans de nous.

Lorsque donc vous demandez une chose à Dieu, vous serez sans doute confronté à deux situations : soit cette chose va tarder à venir, soit l'opportunité de l'avoir sera présente illico. Dans tous les deux cas, vous avez besoin des signaux internes ci-haut pour faire un bon choix.

Lorsque la chose tarde, c'est que ce n'est pas encore le temps alors, la prière vous aidera à avoir la patience nécessaire mais aussi le courage qu'il faut pour que vous cherchiez et que vous receviez la chose au temps convenable. Pendant ce temps de patience et de recherche, vous aurez les signaux ci-haut afin de ne pas irriter Dieu. Vous accepterez avec joie le bonheur qui arrive aux autres et vous vous préparerez aussi à rendre vos actions des grâces quand vous recevrez à votre tour.

Et si la chose se présentait, vous devez aussi faire attention car le diable profite de l'instant pour tout embrouiller. Vous devez être intime à Dieu pour découvrir le piège.

Lorsque vous désirez un ou une conjointe pour le mariage, il est vrai que vous aurez toujours avec vous des personnes éligibles mais pour choisir le bon ou la bonne au moment propice, l'un des signaux internes ci-haut doit jouer en votre faveur.

Parlons à présent des signes extérieurs : Pour reconnaitre le bon moment, la nature aussi entre en jeu. Quand c'est le temps de Dieu, tout l'univers va conspirer à vous donner les opportunités qui fera à ce que votre requête soit exaucée. Si vous avez besoin d'un travail, vous verrez de multiples offres de différente manière; besoin d'un mariage, plusieurs vous feront la cours si vous êtes femme et pour les hommes, plusieurs femmes seront à votre disposition ou mieux, vous éprouverez un désir intense de se faire accompagner. Vous vous fatiguerez de la vie de célibat car si vous n'êtes pas fatigué d'être célibataire, même si y'a plusieurs femmes ou hommes à votre disposition, vous tomberez dans le piège du diable.

Vous devez maintenant faire un bon choix car il y a ce qu'on appelle le temps de la visitation. Vous devez le maximiser. ***Luc 19 :44 « ... parce que tu n'as pas connu le temps où tu as été visitée. »***

Dieu visite régulièrement son peuple, mais peu sont ceux qui reconnaissent et saisissent ce temps. C'est seulement au temps de la visitation que tout semble être facile. C'est en ce moment-là que vous prospérez à tous égards sans transpirer. Vous recevez un appui de toute part et les choses couleront à flot en votre direction. Ça peut aussi s'agir d'une ou de peu d'opportunités mais avec un appui tellement fort que vous sentez dans votre cœur que c'est le temps ou c'est le bon choix. Mais quand vous êtes aveuglés ou moins sensible, vous gaspillerez ce temps et ces opportunités, et vous serez obligés de peiner quand vous en aurez vraiment besoin.

Lorsque ce n'est pas votre temps ou que ce n'est pas le bon choix, comme signes extérieurs, vous remarquerez une opposition dans la plupart des vos tentatives. Vous pouvez être beau et prêt mais aucune femme n'accepte vos avances. Vous pouvez être belle et prête mais aucun homme ne vous fait la cours ou plusieurs viendront mais avec l'idée de profiter de vous. Vous pouvez être en quête du travail, mais vous n'avez pas d'offres ou peut-être vous ne réussissez en aucun entretien d'embauche pendant que vous êtes brillant. Autant d'adversité, ce qu'il y a un problème.

Pour en être certain, essayez d'insister ; et si les signes internes ci-haut vous accompagnent ce qu'il faut persévérer si non, il faut changer de direction.

CHAPITRE VI. LE PRINCIPAL ENEMI DE LA PRIERE

La prière, instrument puissant du chrétien n'a certainement pas que des alliés mais aussi un ennemi principal: Le mensonge ou le péché (le diable)

Nous citons le diable comme principal ennemi de la prière car il est le seul à inspirer à l'homme le mensonge. Il est celui qui met tout en œuvre afin que l'homme ne puisse pas être en contact avec la vérité de la parole de Dieu. Il est l'inspirateur de toutes choses qui distrait l'homme. D'ailleurs, c'est lui l'auteur de l'ennemi secondaire : la chair. C'est à cause de lui que l'homme est devenu naturellement mauvais, faisant que l'homme devienne un pire ennemi de lui-même.

Son plus grand plaisir, c'est de toujours voir l'homme loin de Dieu ; c'est pourquoi il multiplie des stratégies pour captiver l'attention de l'homme. Connaissant la rage du diable, Jésus a dit : ***«... Mais quand le Fils de l'homme viendra, trouvera-t-il la foi sur terre ? ». Luc 18 :8.*** La plus grande bataille que le diable livre contre nous, c'est de nous empêcher à croire en Jésus. Plus le temps passe, plus il intègre toutes les dimensions de la vie humaine afin d'exercer sur nous la coercition.

Il sait qu'il existe un seul vrai Dieu et une seule sorte de vraie prière : celle d'imprimer la parole de Dieu en nous. Pour nous empêcher à le faire, il a créé la confusion dans le monde en copiant toutes les stratégies de Dieu. Sachez que tout ce qui existe dans le monde, a toujours son contraire : Il y a des anges et il y a des démons, il y a de vrais serviteurs tout comme il y en a de faux ; il y a une vraie prière tout comme il y en a de fausses, il y a de vraies églises tout comme il y en a de fausses, il y a un vraie Dieu et de faux dieux, etc.

La bible dit que le diable rode comme un lion mais il n'est pas le lion car le vrai lion c'est Jésus-Christ. Il est écrit aussi qu'il se déguise en ange de lumière c'est-à-dire qu'il n'est pas un ange de lumière car la vraie lumière c'est Jésus-Christ. Il n'y a que les ténèbres dans le diable; il fait tout cela pour entourlouper l'homme afin de le conduire en enfer.

Il pousse l'homme à faire le contraire de ce que Dieu lui demande. Il captive l'homme subtilement et il accuse à tort les circonstances et les proches comme s'il n'avait rien avoir avec tout cela.

Cependant, la chair est citée comme premier ennemi du progrès spirituel de l'homme car elle est tirée de la poussière de la terre ; elle est donc fragile. La chair est la partie de l'homme qui est en contact avec le monde mais il est dépendant de l'esprit.

La chair est avant tout, l'habitation de l'homme car l'homme c'est l'esprit ; nous sommes donc des êtres spirituels dans des corps physiques. L'être humain est lui-même tripartite et il est une seule personne avec son corps et son âme ; donc, les actes que la chair pose à chaque fois sont des instructions que son esprit humain lui dicte au travers de son âme.

Il convient donc à l'homme de s'allier à l'Esprit de Dieu afin qu'il n'accomplisse que les œuvres de Dieu. L'Esprit de Dieu, c'est cela le souffle que l'homme reçut le jour de sa création et c'est ce qui lui permit d'être en contact avec Dieu. Sans l'Esprit-Saint, l'homme est exposé à l'esprit malsain (Satan).

Depuis que l'homme a péché, faire le mal est devenu ordinaire pour lui parce que ce n'est plus l'Esprit de Dieu qui le conduit. Il a cultivé la facilité de faire ce que l'esprit du mensonge lui dicte; se mettant ainsi à l'opposé de la volonté de Dieu. Un homme dissocié de l'Esprit de Dieu ne pourra se livrer aux œuvres de Dieu car il n'en a pas la force. C'est pourquoi, sa chair ne peut pas se livrer à la vraie prière.

Galates 5 : 16-17 « Je dis donc : Marchez selon l'Esprit, et vous n'accomplirez pas les désirs de la chair. 17. Car la chair a des désirs contraires à ceux de l'Esprit, et l'Esprit en a de contraires à ceux de la chair ; ils sont opposés entre eux afin que vous ne fassiez pas ce que vous voudriez ».

La chair ici est l'esprit du mensonge car la chair n'est pas mauvaise en soi et n'a pas de mauvais désirs mais c'est l'esprit de l'homme qui lui dicte des choses à faire dépendamment du maitre qui gouverne ledit esprit. Lorsqu'un homme n'est pas né de nouveau, ce qui signifie croire en Jésus, il est dicté par le diable et sa chair manifeste tout ce qui est contraire à la bienséance. Il manifeste ainsi tout ce qui est écrit dans Galates 5 : 19-21 à savoir : l'impudicité, l'impureté, la dissolution, l'idolâtrie, la magie, les inimitiés, les querelles, les jalousies, les animosités, les disputes, les divisions, les sectes, l'envie, l'ivrognerie, les excès de table, et les choses semblables.

Sans forcer, il accomplit ces choses afin de donner plaisir à son âme qui puise des consignes du maitre qui règne dans l'esprit de l'homme en question. Une telle personne n'éprouvera jamais le désir de prier le vrai Dieu car il ne le connait pas encore. Certes qu'il peut prier mais de faux dieux afin d'exacerber son plaisir à nuire à autrui car pécher est le signe d'un manque d'amour. Elle a besoin de recevoir Jésus comme seigneur et sauveur d'abord afin de prendre conscience de sa vraie nature.

Au-delà de ces païens, il y a aussi des hommes qui ont déjà reçu Jésus comme seigneur et sauveur mais qui manifestent certaines de ces mauvaises valeurs. Ce sont des chrétiens qui ont en eux le mensonge et la vérité et ils se nourrissent de l'un d'eux quand il le faut. De telles personnes sentent en elles une lutte entre le bien et le mal ; le diable veut les garder dans le monde et Dieu veut les garder auprès de lui ; la vérité voudra qu'elles prient mais le mensonge voudra qu'elles se livrent à autres choses.

Pour empêcher l'homme de prier, le diable est capable de lui proposer subtilement de faire une autre bonne chose mais qui n'est pas nécessaire à ce temps-là donc, cela devient une mauvaise chose.

Par exemple, au lieu de prier, le diable peut pousser quelqu'un à faire la lessive. La lessive n'est pas une mauvaise chose mais seulement, elle doit être faite à un temps convenable. De nos jours, le diable aveugle plusieurs individus en les laissant gagner leur vie mais en les empêchant de gagner leur vraie vie car sachons que la seule vraie vie c'est d'avoir Jésus comme seigneur et sauveur afin d'aller au paradis après la mort.

Ainsi, si un homme n'est pas perspicace, il peut passer toute sa journée ou même toute sa vie en ne cherchant que les choses secondaires oubliant qu'il y a une priorité dans la vie. C'est celle de grandir dans la connaissance du seigneur Jésus-Christ.

La vie chrétienne trouve son plaisir que dans la facilité ; tout chrétien qui force des choses n'est en réalité qu'une personne tiède. Il n'est pas agréable à Dieu. Une personne qui vit dans la lutte entre le mensonge et la vérité a besoin de la plénitude du Saint-Esprit c'est-à-dire qu'il doit offrir tous les domaines de sa vie à Jésus. Dans ses prières, il doit sincèrement demander à Dieu de le remplir de son Esprit-Saint.

Être rempli de L'Esprit de Dieu ne supprime pas la chair mais ça supprime le mensonge dans l'esprit humain et conduit la chair dans de bonnes choses. Le corps humain a des désirs naturels placés par Dieu lui-même et par conséquent, ces désirs ne disparaissent pas mais sont contrôlés et exprimés au moment importun : le corps aura toujours besoin des exercices physiques, de manger, d'être vêtue, d'être lavée, de connaitre l'intimité avec son ou sa partenaire ; de regarder ce qui est beau, etc.

Lorsque l'homme reçoit Jésus dans sa vie, il ne détruit pas la chair mais plutôt l'esprit qui influence en mal la chair. Celui qui est rempli de l'Esprit-Saint ne force pas la vie de prière car son corps se soumet au désir de son esprit.

Grace à l'intelligence de l'Esprit de Dieu, l'homme fait toutes choses bonnes en son temps. Il prie quand il faut, il dort quand il faut, il mange quand il faut, il ne connait l'intimité que lorsqu'il est marié, etc. bref, l'homme vit dans un total équilibre ne laissant ainsi aucune place au mensonge car il veille et il prie.

Cependant, la chair est en soi-même aussi un rebelle car elle a la manie de vouloir satisfaire ses désirs quand bon lui semble ; c'est pourquoi elle doit être disciplinée à partir de l'état d'esprit de la personne. C'est la raison principal pour laquelle Dieu nous demande de jeûner.

Le jeûne est aussi l'un de sujet qui suscite débat dans le monde chrétien et il est compris dépendamment de différentes doctrines nées depuis la nuit de temps ; or, nous savons tous qu'il n'y a qu'un seul vrai Dieu et qu'une seule vraie doctrine que seul Dieu nous révèle par le canal du Saint-Esprit. Ainsi, grâce au Saint-Esprit, nous avons pu comprendre que le jeûne est une discipline qui consiste à se priver des choses que notre chair nous pousse à avoir quand elle veut. C'est un exercice de détachement envers des choses secondaires ; c'est une formation de l'état d'esprit d'un homme afin que ce dernier soit le responsable de ses actes.

Vu que le diable aussi exige à ses adeptes de jeûner ; donc le jeûne pétrit l'homme selon le maitre qui gouverne dans son esprit. Pour les chrétiens, le jeûne a pour finalité de détruire le mensonge en eux afin qu'ils soient transformés en l'image de Dieu. **Esaïe 58** nous l'explique clairement. Le jeûne crée en l'homme un état d'esprit qui lui permet d'être agréable à Dieu.

Le jeûne n'est pas une obligation pour que Dieu nous exauce mais il est nécessaire pour un exaucement particulier car il démontre d'un côté notre obéissance à Dieu et de l'autre côté notre expression d'amour (le sacrifice) pour Dieu. Le jeûne nécessite une volonté personnelle car sans elle, le jeûne n'a pas d'efficacité donc, celui qui jeûne doit connaitre le pourquoi de son jeûne afin de garder la leçon qu'il aura apprise.

Personnellement, le jeûne m'a permis de me débarrasser de la gloutonnerie qui me rendait ridicule pendant mon jeune âge. Je m'étais livré pour la première fois à un jeûne de trente jours où je ne buvais que de l'eau et je ne mangeais qu'après dix-neuf heures. J'avais certes perdu du poids mais j'avais aussi rétrécie mon estomac et j'avais acquit une discipline vis-à-vis de la nourriture. À cause de ce jeûne, mon regard vis-à-vis de la nourriture a totalement changé et j'en suis aujourd'hui détaché définitivement. Je ne suis plus tenté par les excès de table ni par l'envie de tout manger. Bref, j'ai une maitrise.

Ne comprenant pas ces choses, les chrétiens de ces jours utilisent le jeûne comme un temps pendant lequel ils mettent de côté leurs mauvaises habitudes pour les reprendre juste après. Ils pensent que le jeûne, c'est le sang des animaux qui couvrait le péché dans l'ancienne alliance ou peut-être un moyen de corrompre Dieu afin d'arracher un exaucement. Ils pensent que leur semblant de conversion pendant ce temps est méconnu de Dieu, c'est pourquoi ils ne reçoivent pas des exaucements qui traitent un problème une bonne fois pour toute.

Le jeûne est une preuve de sacrifice d'un chrétien envers Dieu. Le sacrifice volontaire est une offrande que Dieu attend de nous car nous sommes des sacrificateurs qui offrons à Dieu nos corps comme premier sacrifice agréable. Le jeûne est un témoignage d'amour intérieur du chrétien envers Dieu ; c'est pourquoi il est dit dans ***Matthieu 6 : 16-18 « Lorsque vous jeûnez, ne prenez pas l'air triste, comme les hypocrites, qui se rendent le visage tout défait, pour montrer aux hommes qu'ils jeûnent. Je vous le dis en vérité, ils reçoivent leur récompense. 17. Mais quand tu jeûnes, parfume ta tête et lave ton visage, 18. Afin de ne pas montrer aux hommes que tu jeûnes mais à ton Père (Dieu) qui est dans le lieu secret ; et ton Père, qui voit dans le secret te le rendra ».***

Ceci signifie que le jeûne est un secret entre le chrétien et son Dieu ; c'est un acte délibéré du chrétien ; un moment où il se déconnecte de ses habitudes fâcheuses pour prouver à Dieu que seul lui compte vraiment.

Le jeûne peut soit être inspiré de Dieu ou il peut provenir de la conscience de l'homme mais dans tous les deux cas, s'il est fait avec sincérité de cœur et respect des normes, il aboutit au même résultat : celui de s'offrir à Dieu comme sacrifice afin qu'il nous consomme entièrement c'est-à-dire qu'il extirpe le mensonge qui nous fait croire que la chair doit recevoir tout ce qu'elle veut quand elle veut.

Le jeûne rajeunit, il fait resplendir un homme car ce dernier éteint l'affection de la chair pour allumer la lampe de la vérité afin de contempler la splendeur de Dieu. ***Daniel 1 : 12-15 « Eprouve tes serviteurs pendant dix jours, et qu'on nous donne des légumes à manger et de l'eau à boire ; 13. Tu regarderas ensuite notre visage et celui des jeunes gens qui mangent les mets du roi, et tu agiras avec tes serviteurs d'après ce que tu auras vu. 14. Il leur accorda ce qu'ils demandèrent et les éprouva pendant dix jours. 15. Au bout de dix jours, ils avaient meilleur visage et plus d'embonpoint que tous les jeunes gens qui mangeaient les mets du roi ».***

Ce texte, nous confirme que le jeûne est le fait de se priver pendant un temps de ce que notre chair désire tant afin de prouver à Dieu qu'on peut tout abandonner pour lui. Le jeûne touche tous les domaines de la vie ; il se fait souvent en se privant de la nourriture et de l'eau car celles-ci sont des besoins dont l'homme ne peut se passer.

Cependant, si déjà quelqu'un peut se passer naturellement de la nourriture, s'en priver n'est pas un sacrifice pour lui ; il doit plutôt se priver de quelque chose dont il a du mal à s'en passer. Cela peut être ses programmes télévisés ou de radios préférés, son téléphone, ses amis, etc.

Grâce à cet acte, l'esprit humain accepte une discipline quelconque qui restera gravée dans son chef et qui lui permettra d'être le maitre de ses actions. Il pourra enfin faire le choix des choses qui lui sont bonnes.

La bible dit dans Deutéronome 30 : 19-20 « J'en prends aujourd'hui à témoin contre vous ciel et la terre : j'ai mis devant toi la vie et la mort, la bénédiction et la malédiction. Choisis la vie, afin que tu vives, toi et ta postérité, pour aimer l'Éternel, ton Dieu, pour obéir à sa voix, et pour t'attacher à lui : car de cela dépendent ta vie et la prolongation de tes jours, et c'est ainsi que tu pourras demeurer dans le pays que l'Éternel a juré de donner à tes pères, Abraham, Isaac et Jacob».

L'homme a été créé avec une autonomie de décision afin qu'il soit lui-même le responsable de ce qui lui arrive. Depuis le jardin d'Eden, Dieu met toujours devant l'homme le bien et le mal tout en lui proposant de se concentrer et de n'emprunter que le chemin qui mène vers le bien, question de faire honte au diable et d'échapper à la punition qui lui est réservée seul et ses démons à la fin du temps. Mais malheureusement, l'homme ne comprend pas toujours ces choses.

L'homme est le maitre jardinier de sa vie et il a le choix d'y planter soit le blé (Jésus) soit l'ivraie (Satan) afin de vivre une vie selon ses rêves mais cependant, il plante l'ivraie en s'attendant de récolter le blé à cause de la confusion semée par le diable car aucun homme ne désire souffrir raison pour laquelle Dieu a envoyé son Fils Jésus-Christ afin de l'éclairer.

C'est pourquoi il est écrit dans Matthieu 3 : 15-16 « Le peuple de Zabulon et de Nephtali, de la contrée voisine de la mer, du pays au-delà du Jourdain, et de la Galilée des Gentils, ce peuple, assis dans les ténèbres, a vu une grande lumière ; et sur ceux qui étaient assis dans la région et l'ombre de la mort la lumière s'est levée.

Grâce à la discipline, l'homme veuille sur le jardin de sa vie c'est-à-dire ses pensées et il est à l'œuvre tout le temps afin de ne pas permettre à l'ivraie (le mensonge, la limitation, l'impossibilité, etc.) de croitre ou mieux d'être plantée.

« La peine de la discipline ne pèse que quelques grammes alors que celle du regret pèse des tonnes » Jim Rohn

Certes que la discipline est une clé pour vivre la vie mais pour vivre la vraie vie, il faut l'associer avec Jésus-Christ, lui qui est l'instituteur de la discipline.

Au-delà de discipliner la chair, le jeûne est en soi une source de puissance divine qui détruit les œuvres des ténèbres en nous et en dehors de nous. Il est sans contredit que les démons existent et nous font sans cesse la guerre afin de nous conduire en enfer. Les démons ne se reproduisent pas et ne vieillissent pas ; ils sont d'ailleurs plus nombreux que les humains sur la terre.

Les mêmes démons qui ont existé depuis le temps des apôtres, sont les mêmes qui existent à ces jours. Bien qu'ils soient tous démons, ils n'ont pas tous la même puissance et le même rôle. Chaque démon est spécialisé dans un domaine précis ; et pour les combattre, nous n'utilisons pas non plus les mêmes stratégies pour tous.

Pour certains démons, la prière suffit pour qu'ils partent ; pour d'autres, une adoration ou une louange suffit ; mais pour une autre catégorie comme la bible le dit, ils ne sortent que par le jeûne et la prière. ***Matthieu 17 :21 « Mais cette sorte de démon ne sort que par la prière et le jeûne »***. Le diable nous attaque de plusieurs manières et, la qualité de démons qu'il nous envoie dépend de la mission que nous sommes appelés à accomplir. Et puisque nous ne savons pas ce qu'il pense de nous vraiment, nous devons être des hommes de multiples jeûnes et des prières afin de faire face aux démons qui nous sont envoyés.

Un jour je m'apprêtais à prendre mon déjeuner le matin afin d'aller au cours, j'entendis une voix me disant : « tu dois jeûner aujourd'hui ». Je n'ai pas cru tout de suite que c'était le Saint-Esprit car j'avais déjà mon pain en mains, prêt à manger. Je me suis dit que c'était peut-être le diable qui ne voulait pas que je sois concentré en classe à cause de la faim ; mais lorsque j'ai prêté attention à cette voix, j'ai reconnu que c'était le Saint-Esprit parce que je connais comment il me parle. Bien que triste parce que je devais aller affamé, j'ai quand-même obéit à Dieu sans chercher à savoir le pourquoi.

Après le cours vers 15h, alors que je traversais le boulevard pour attraper le taxi de retour de l'autre côté, une voiture en excès de vitesse doubla celle qui avait ralenti afin de me laisser traverser. La manière dont j'ai été épargné, était vraiment miraculeuse. Alors que je lançais le pas, je sentis un vent m'arrêter et, la voiture passa à deux doigts de me ramasser. Gloire à Dieu !

C'est après que je sois sauvé que j'entendis le Saint-Esprit me dire : « le monde des ténèbres avait préparé l'irréparable ». C'était donc prévu que je meure ce jour-là, ou soit que je sois vraiment déformé à vie. J'avais certes pris autorité sur les démons ce matin-là pendant ma prière mais seulement les démons auxquels je faisais face, étaient bien plus costaud que je ne le pensais. Connaissant cela, Dieu m'avait prévenu mais sans me dire le détail. J'ai obéit aveuglement, et j'ai été sauvé.

Le jeûne est un moyen efficace pour détruire les œuvres grandioses des ténèbres. Le diable empêchera toujours un chrétien d'être un homme de jeûne, car il sait combien cela le dérange. Le jeûne ouvre les yeux spirituels, il renforce les dons spirituels, il les repend même. Un homme de jeûne et de prière est libre de se pavaner dans le monde car aucun démon ne peut lui résister. C'est le secret de la victoire de Jésus sur tout esprit maléfique qu'il a croisé sur son chemin. Alléluia !

Epilogue

— Voici donc en quelques lignes, la pensée de Dieu pour votre bonheur présent et futur, termina le vieillard.

Lorsqu'il regarda sur le côté, le petit Phil, débordé de ce qu'il entendait, se mit à dormir. Le vieillard sourit en remuant la tête. Il caressait le petit sur son dos.

— Ce n'est vraiment pas pour les petits, sortit-il.

Phil par cette sensation, finit par se réveiller.

— Je vous assure que si vous la mettez en pratique, vous aurez un témoignage à donner d'ici peu. Que le seigneur Dieu vous bénisse, continua le vieillard.

— Vous avez fini, grand-père, s'enquit-il.

— Ouais, répondit le vieillard. Tu as capté l'essentiel, sois en sûr.

TABLE DES MATIERES

Printed by Books on Demand GmbH, Norderstedt / Germany